MILLION DOLLAR MINDSET PRESENTE

COMMENT ÉCRIRE UN LIVRE EN 30 JOURS

Par LINKEDIN AND TOWN HALL ACHIEVER OF THE YEAR
EY NOMINEE ENTREPRENEUR OF THE YEAR
GRAND HOMAGE LYS DIVERSITY
WORLD TOP100 DOCTOR

Dr. BAK NGUYEN, DMD

POUR TOUS CEUX ET CELLES PRÊT(E)S À PARTAGER LEUR HISTOIRE. NOUS AVONS TOUS UNE HISTOIRE INTÉRESSANTE À CONTER
par Dr. BAK NGUYEN

Droits d'auteur © 2022 Dr BAK NGUYEN

Tous droits réservés.

ISBN: 978-1-989536-52-0

Publié par: Dr BAK PUBLISHING COMPANY
Dr.BAK 0102

MILLION DOLLAR MINDSET PRESENTE
COMMENT ÉCRIRE UN LIVRE EN 30 JOURS
Par Dr. BAK NGUYEN

INTRODUCTION
Par Dr. BAK NGUYEN

COMMENCER
CHAPITRE 1 - Dr. BAK NGUYEN
LE POUVOIR DE L'ÉCRITURE EST DE VOUS LIBÉRER DE VOTRE PASSÉ

ÉCRIRE EST UN DIALOGUE
CHAPITRE 2 - Dr. BAK NGUYEN
ÉCRIRE EST UN DIALOGUE

STRUCTURE
CHAPITRE 3 - Dr. BAK NGUYEN
LA STRUCTURE TRANSFORMERA VOS IDÉES EN MOTS, VOS MOTS EN PHRASES ET VOS PHRASES EN CHAPITRES

ANATOMIE D'UN CHAPITRE
CHAPITRE 4 - Dr. BAK NGUYEN
UN CHAPITRE, UN THÈME

REVISION
CHAPITRE 5 - Dr. BAK NGUYEN
LES ARTISTES N'EFFACENT PAS, ILS MODIFIENT

REVISION
CHAPITRE 5 - Dr. BAK NGUYEN
LES ARTISTES N'EFFACENT PAS, ILS MODIFIENT

3 FILTRES
CHAPITRE 6 - Dr. BAK NGUYEN
CRÉER PROFONDEUR ET DIMENSION

ÉDITION & PUBLICATION
CHAPITRE 7 - Dr. BAK NGUYEN
UN MONDE DANS UN MONDE

CONCLUSION
Par Dr. BAK NGUYEN

EPILOGUE
EPILOGUE - Dr. BAK NGUYEN
À PROPOS, UNE DERNIÈRE PETITE CHOSE...

POST SCRIPTUM
POST SCRIPTUM - Dr. BAK NGUYEN
CE QUI S'EST PASSÉ APRÈS

2e ÉDITION
ÉVOLUTION - Dr. BAK NGUYEN
QUOI DE NEUF 3 ANS PLUS TARD

AVIS DE NON RESPONSABILITÉ

« L'information générale, les opinions et les conseils contenus dans le présent support et/ou les livres, livres audio, podcast et les publications présentes sur le site web ou les médias sociaux de du Dr. Bak Nguyen (de son vrai nom Ba Khoa Nguyen) (ci-après les « Opinions ») présentent des informations générales sur différents sujets. Les Opinions sont uniquement destinées à des fins d'information.

Aucune information contenue dans les Opinions ne saurait remplacer l'avis d'un expert, une consultation, un conseil, un diagnostic ou un traitement professionnel. Aucune information contenue dans les Opinions ne saurait remplacer l'avis d'un professionnel et ne saurait être interprétée comme une consultation ou un conseil.

Rien dans les Opinions ne doit être interprété comme un conseil professionnel relié à l'exercice de la médecine dentaire, un avis médical ou toute autre forme de conseil, y compris un avis juridique, comptable ou financier, un avis professionnel, un soin ou un diagnostic, mais strictement comme de l'information générale. Toutes les informations contenues dans les avis sont fournies à titre informatif uniquement.

L'utilisateur en désaccord avec les termes du présent Avis doit cesser immédiatement d'utiliser les Opinions ou de s'y référer. Toute action de l'utilisateur en lien avec l'information contenue dans les Opinions n'engage que lui et est à son entière discrétion.

L'information générale contenue dans les Opinions est fournie « telle quelle » et n'est assortie d'aucune garantie, expresse ou implicite. le Dr. Bak Nguyen (de son vrai nom Ba Khoa Nguyen) met tout en œuvre afin que l'information soit complète et authentique. Cependant, rien ne garantit que l'information générale contenue dans les Opinions soit toujours disponible, véridique, complète, à jour ou pertinente.

Les Opinions exprimées par le Dr. Bak Nguyen (de son vrai nom Ba Khoa Nguyen) sont personnelles et exprimées en son propre nom et ne reflètent pas les opinions de ses sociétés, partenaires et autres affiliés.

Dr. Bak Nguyen (de son vrai nom Ba Khoa Nguyen) exclut également toute forme de responsabilité pour le contenu auquel renvoient les éventuels hyperliens inclus dans les Opinions.

Demandez toujours l'avis d'un expert, d'un médecin ou d'un autre professionnel qualifié pour toute question relative à votre situation ou condition médicale. Ne négligez jamais l'avis d'un professionnel et ne tardez pas à le demander en raison de ce que vous avez lu, vu ou entendu dans les Opinions. »

À PROPOS DE L'AUTEUR

Du Canada, le **Dr Bak NGUYEN**, nominé Entrepreneur de l'année Ernst & Young, Grand Hommage Lys DIVERSITÉ, LinkedIn et TownHall, Achiever of the year et TOP100 docteurs du monde. Le Dr Bak est un dentiste cosmétique, PDG et fondateur de Mdex & Co. Son entreprise révolutionne le domaine dentaire. Conférencier et motivateur, il détient le record du monde d'écriture de 100 livres en 4 ans, accumulant de nombreux records mondiaux (à être officialisés). Ses livres couvrent les sujets: ENTREPRENEURSHIP, LEADERSHIP, QUÊTE D'IDENTITÉ, DENTISTERIE ET MÉDECINE, ÉDUCATION DES ENFANTS, LIVRES POUR ENFANTS, PHILOSOPHIE

En 2003, il a fondé Mdex, une entreprise dentaire sur laquelle, en 2018, il a lancé l'initiative privée la plus ambitieuse afin de réformer l'industrie dentaire à l'échelle du Canada. Philosophe, il a à cœur la quête du bonheur des personnes qui l'entourent, patients et collègues. En 2020, il a lancé une initiative de collaboration internationale nommée les **ALPHAS** pour partager ses connaissances et pour que les entrepreneurs et les professionnels dentaires puissent se relever de la plus grande pandémie et dépression économique des temps modernes.

Ces projets ont permis au Dr Bak d'attirer les intérêts de la communauté internationale et diplomatique. Il est maintenant au centre d'une discussion mondiale sur le bien-être et l'avenir de la profession de la santé. C'est à ce propos qu'il partage ses réflexions et encourage la communauté des professionnels de la santé à partager leurs histoires. Pour soutenir la créativité et le partage de la sagesse et la croissance personnelle, le Dr Bak dirige également l'avancement de l'Intelligence artificielle chez Emotive Monde Incorporé. En intégrant l'intelligence artificielle, le design et l'édition à son flux de production, Emotive Monde est un leader mondial dans les univers de publication et de production d'histoires et de livres.

Les livres édités sont distribués par Amazon, Barnes & Noble, Apple Livres et Kindle. La société produit aussi des livres audio, nouvellement intégré en format combo pour les achats de copie papiers distribuées par Amazon et Barnes & Noble. Sous la direction du Dr Bak, Emotive Monde a lancé le protocole Apollo, permettant aux auteurs d'écrire des livres en 24 heures de temps de travail, le protocole Echo, pour produire des livres audio comme celui-ci, et également de créer et de produire des blockbusters de livres audio, **U.A.X.** (Ultimate Audio Experience) en streaming sur Apple Music, Spotify et tous les principaux distributeurs musicaux.

Le Dr Bak, avec son implication dans Emotive Monde, encourage la voix individuelle des auteurs du monde et les aide à atteindre leurs marchés et leur public. Oui, le Dr Bak est un auteur, mais à travers Emotive Monde, il est également une maison d'édition et un studio de production. Conférencier motivateur et entrepreneur en série, philosophe et auteur, de ses propres mots, le Dr Bak se décrit comme un dentiste par circonstances, un entrepreneur par nature et un communicateur par passion. Il détient également des distinctions du Parlement canadien et du Sénat canadien.

INTRODUCTION
"VOTRE LÉGENDE"
Par Dr. BAK NGUYEN

Cela fait plus d'une semaine que je n'ai pas écrit. Après **POURQUOI LES POULETS NE RÊVENT PAS** écrit en 24 heures, ce qui est un nouveau record pour moi, j'ai éprouvé beaucoup de difficultés pour rester motiver et terminer **THE BOOK OF LEGENDS 2**.

Ce n'est pas que j'en ai perdu l'envie ou l'intérêt, c'est simplement que depuis peu, je me suis alourdi d'un fardeau gigantesque: écrire **THE BOOK OF LEGENDS 2** qui comprend aussi l'édition et la correction des 5 derniers livres de poulet. 2 tâches qui s'additionnent par dessus mon processus d'écriture habituel.

Jusqu'à l'écriture de **SELFMADE**, mon 35e livre, je n'avais pas encore maîtriser l'art de l'édition, j'écrivais encore de mon téléphone intelligent. C'était pratique, mais les textes devaient ensuite être transférés pour réécriture, correction et édition. Pour dire vrai, c'était beaucoup de perte de temps.

Depuis, j'ai trouvé le bon format (après beaucoup d'essais-erreurs) et je suis finalement arrivé à un format pour écrire mes chapitres directement de mon ordinateur portable et dans le format d'édition approprié. Cette nouvelle étape m'a permis d'être publié dans les jours, voire les heures, suivant la fin de la correction.

Jusqu'alors, je payais des éditeurs professionnels corriger et éditer mes livres. Le processus était souvent long et inefficaces, parsemé d'attentes et de frustrations. Depuis, j'en suis venu à accepter le fait que nous ne sommes jamais mieux servis que par nous-mêmes.

En développant mes propres patrons d'impression, j'écris et je publie à ma vitesse, celle des records mondiaux. Je fais aussi mes propres couvertures et c'est moi et moi seul qui trouve mes titres. C'est la partie amusante du processus! Il est hors de question que je me prive de cette motivation!

Oui, faire une couverture est la naissance officielle d'un livre pour moi. C'est là que l'excitation est à son comble et que les hormones coulent à flou.

C'est ainsi que j'ai délaissé mon téléphone intelligent au profit de mon ordinateur portable, mon fameux MacBook Pro. Depuis, j'ai réussi à maintenir le rythme d'écriture en éditant et publiant mes livres en parallèle: en moyenne, un livre aux 2 semaines!

Dans le processus, j'ai gagné respect et notoriété chez APPLE BOOKS. Mon premier livre a été publié quelques jours après sa soumission. En 5 jours, il était disponible internationalement dans 51 pays! Cette victoire internationale m'a donné un grand sentiment de reconnaissance et de satisfaction personnelle qui m'a poussé à en faire plus encore.

> "Pour garder le Momentum, visez rapidement la prochaine victoire, aussi petite qu'elle soit."
> Dr. Bak Nguyen

Cette reconnaissance d'APPLE BOOKS, mon premier partenaire officiel dans le monde des livres, m'a donné l'énergie dont j'avais besoin pour continuer à pousser au prochain niveau. Au cours des 2 derniers mois, j'ai embrassé la scène pour mon premier événement Dr. Bak (devant un publique de 300 personnes) et j'ai lancé des sessions LIVE sur Facebook et sur mon PODCAST.

Encore une fois, APPLE PODCAST a repris mon PODCAST, et c'était une reconnaissance supplémentaire à la validation de mon parcours. Mon moral était solide avec Apple à mes côtés. Alors pourquoi ai-je eu tant de mal à finir **THE BOOK OF LEGENDS 2**?

Vous m'avez mal compris, l'écriture est terminée, ce sont la correction et l'édition qui refroidissent mon enthousiasme, surtout lorsqu'il y a 5 livres à éditer en un! Si APPLE a renfloué ma confiance par son partenariat, j'ai aussi créé la tâche de corriger, éditer et publier mes 33 premiers livres!

Cela signifie qu'en plus de garder un rythme d'écriture déjà fou, je dois revoir et rééditer tous mes livres précédents. Ne vous ai-je pas dit que je suis paresseux!? Depuis mon arrivé sur APPLE BOOKS en avril dernier, j'ai publié 9 livres, 4 titres à moi et 5 co-écrits avec William, mon fils de 8 ans. Si on oublie la gloire et le champagne, c'est un travail à temps plein que je venais de me créer!

Est-ce un nouveau record? Je l'ignore. Alors que l'effet de la victoire s'estompe à vitesse grand V, le boulot s'accumule à la vitesse de mes nouveaux records. Au cours des 2 dernières semaines, j'ai réédité et publié les 4 livres pour enfants, pour avancer l'écriture de **THE BOOK OF LEGENDS 2**.

Ce matin, il ne reste plus que **L'HISTOIRE DU CACA DE POULET** à rééditer pour avoir 2 nouveaux titres en ligne : **THE BOOK OF LEGENDS 2** et **L'HISTOIRE DU CACA DE POULET**.

Bien sûr, je dois préciser que je jongle tout cela avec mon mes exigences en tant que PDG de Mdex & Co. et de mon quotidien en tant que dentiste pratiquant.

Pour dire vrai, l'écriture matinale et quotidienne commence à me manquer. Ces dernières semaines, j'ai réduit mes présences en ligne et sur PODCAST, les limitant à une fois par semaine. Depuis, ma vie est un peu plus aérée et possible. Oui, je suis fatiguée, mais j'ai vraiment besoin de ce temps de réflexion personnelle afin de faire le point sur tout ce qu'il m'arrive au quotidien.

Sans ces moments personnels matinaux, je sens une certaine frustration grandir lentement, mais sûrement. Depuis maintenant 21 mois, j'écris, et j'aime écrire. J'ai terminé le mois dernier avec 40 livres écrits en 20 mois. Ça, c'est une autre histoire folle à vous partager.

Avec l'écriture de **THE BOOK OF LEGENDS 2** et la traduction de **WHY CHICKEN CAN'T DREAM** en français, j'aurais pu pousser mes chiffres à 42 livres écrits en 20 mois, mais je n'aimais pas les nombres. Je préfère les chiffres ronds.

Une semaine avant la date limite du mois, j'ai décidé de ralentir et de m'en tenir à 40 livres écrits en 20 mois, en gardant les 2 autres pour plus tard. Peut-être 44 livres en 21 mois? Vous savez que vous êtes en **Momentum** le jour où vous vous posez ce genre de questions.

> "Vous savez que vous êtes en Momentum quand il est plus facile d'avancer que d'arrêter."
> Dr. Bak Nguyen

Je suis en plein Momentum d'écriture, pas de publication ni d'édition, mais d'écriture. Parce que je suis tellement investi dans le processus d'écriture, mes ventes n'ont pas encore explosé. Sur ce, il n'y a pas de secrets, si vous voulez vendre des livres, il vous faut faire des tournées, donner des conférences et serrer beaucoup de mains. Ce vide pèse beaucoup à côté de mes records mondiaux.

Je me suis consolé en regardant Michael Phelps, le plus grand médaillé olympique de tous les temps. Sa tâche en tant que champion olympique est de s'entraîner et de continuer à marquer des médailles et l'Histoire, pas à remplir les estrades! Cette analogie m'a gardé sain et elle a contribué à enlever les pressions superflues.

Je suis un gagnant par nature, par métier, par habitude. Mon travail est d'écrire, pas de vendre. Pourtant, je ne peux totalement ignorer le vide qui ne cesse de se creuser entre ma production et mon équipe de support. Ceci dit, ils travaillent fort pour soutenir mon avancement : l'arrivée du Dr Bak sur la scène publique.

Pour être complètement transparent avec vous afin que vous puissiez comprendre la pression sur mes épaules, nous avons terminé le premier projet **EAX**, Enhanced Audio Experience, une nouvelle façon de lire et d'expérimenter un livre audio.

En bref, il s'agit d'une production de standard hollywoodienne pour livres audio. Nous l'avons fait, et maintenant, nous sommes en négociation avec les distributeurs pour sa sortie. Un moment merveilleux me diriez-vous… sur papier, certes! Dans les faits, c'est un processus long et douloureux, surtout pour un record de vitesse comme moi.

"Ce n'est pas facile de changer le monde, même quand vous le faites pour le bien de tous. Souvent, on a l'impression qu'on est seul contre le monde."
Dr. Bak Nguyen

Pour résumer, j'ai eu mes victoires en publiant mes récents livres sur APPLE BOOKS, le dernier titre a été publié et rendu disponible en une heure! J'ai la distribution, la production, les records, mais pas les ventes rattachées.

J'ai terminé le premier album d'EAX pour la deuxième fois, la première version ayant été perdue avec le vol de mon ordinateur en octobre 2018. Cette épisode était des plus sombres. Depuis, avec l'aide du réalisateur Justin Morganstein, nous avons poussé l'enveloppe beaucoup plus loin et le produit final dépasse de loin tout ce que l'on pouvait imaginer!

Nous avons réussi à attirer de l'intérêt international pour le nouveau concept, il nous reste maintenant la mise en marché. En fait, le travail de sollicitation et de porte à porte des grands partenaires commence maintenant, c'est le processus normal des affaires, mais pour Dr. Bak, cela n'aide pas l'avancement de ses records mondiaux.

Je suis au point de ma vie où, pour avoir un prochain chapitre à écrire, je dois provoquer des évènements dans ma vie. C'est exactement un passage emprunté de mon récent livre, **THE RISE OF THE UNICORN**, écrit avec le Dr Jean De Serres.

Oui, je dois provoquer les évènements pour reprendre mon écriture et maintenir son Momentum. Pour ce, je me suis rendu chez INDIGO, la célèbre librairie. À chaque fois que je suis en quête d'inspiration, je me retrouve dans le monde d'INDIGO-STARBUCK. J'adore l'endroit, l'ambiance et son énergie. Souvent, je n'ai qu'à passer la porte pour sentir le réconfort d'être à la maison. Habituellement, je vais d'abord prendre un café, puis je me balade dans la boutique pour regarder les livres, ou plutôt les couvertures.

Cette fois-ci, quelque chose m'a pris et dès que j'ai mis les pieds à l'intérieur du magasin, j'ai sentis le besoin de sortir mon téléphone intelligent. Non, je n'écrivais pas, je commençais à prendre en note des titres et des sujets à écrire. Avec les outils Instagram, j'ai réalisé une quinzaine de couverture en 20 minutes, puis environ 5 de plus pendant les 2 prochaines heures. Les couvertures n'étaient composées que de mots, pas d'image.

Les idées venaient d'elles-mêmes et tout ce que j'avais à faire était de les écrire et de finaliser les design pour en faire de belles couvertures. Je venais de résoudre mon problème d'inspiration. Au total, je suis sorti d'INDIGO ce jour-là avec 27 nouveaux projets en main.

27 thèmes différents pour ma nouvelle franchise **MILLION DOLLAR MINDSET**. Depuis que mon PODCAST est en onde, ce thème de million me va comme un gant sur mesure! **MILLION DOLLAR MINDSET** est une franchise dédié à expliquer les COMMENTS, sans détour et sans superflu. C'est le genre de livres que je lis quand j'ai besoin d'apprendre quelque chose de nouveau en peu de temps.

Cela fait maintenant 2 semaines depuis le début de cette nouvelle franchise, et je sens l'inspiration souffler dans le bon sens. **COMMENT ÉCRIRE UN LIVRE EN 30 JOURS** sera le premier livre pour ouvrir la franchise. Entre les **LIVRES DE POULET** et **MILLION DOLLAR MINDSET**, j'ai bon espoir de continuer à marquer de nouveaux records mondiaux tout en gardant le **Momentum**.

"L'inspiration est venue de l'intérieur, une façon simple et naturelle de nourrir mon Momentum."
Dr. Bak Nguyen

COMMENT ÉCRIRE UN LIVRE EN 30 JOURS est un livre pour chacun et chacune d'entre vous. Nous avons tous une histoire digne d'être partagée. Si vous caressez l'idée d'écrire votre premier livre, ce livre vous guidera pas à pas. Si vous en êtes à votre second ou même votre 3e livres, **COMMENT ÉCRIRE UN LIVRE EN 30 JOURS** vous permettra de redécouvrir votre style et une nouvelle façon de partager.

POURQUOI, QUOI, QUAND, OÙ et COMMENT sont les réponses que vous trouverez dans les prochains chapitre. J'y partage mon vécu, mon expérience, mes erreurs et mes secrets pour écrire, sans cesse, mon prochain livre.

Ceci est **COMMENT ÉCRIRE UN LIVRE EN 30 JOURS,** présenté par **MILLION DOLLAR MINDSET**. Bienvenu(e)s aux ALPHAS.

*Le pouvoir de l'écriture
est de vous libérer de votre passé.*
Dr. BAK NGUYEN

CHAPITRE 1
"COMMENCER"
Par Dr. BAK NGUYEN

*"Le pouvoir de l'écriture est
de vous libérer de votre passé."*
Par Dr. BAK NGUYEN

Commencer à écrire est sûrement passionnant et intimidant tout à la fois. Je le sais bien, je l'ai fait à plus d'une fois. Faire face à un écran blanc ou à une feuille de papier blanche est la pire sensation à avoir. Plus vous regardez le vide, le blanc, pire est la sensation. Mon premier conseil pour vous, commencez à écrire quelque chose, n'importe quoi, juste pour faire avancer le processus et passer par cette page blanche.

Écrivez ce qui vous passe par l'esprit, sans juger, sans filtre, même si vous pensez que cela n'en vaut pas la peine, au moins cela vous donnera quelque chose à quoi réagir. Vous pouvez toujours revenir plus tard et le corriger.

C'est ainsi que j'ai commencé à écrire il y a 21 mois, face à un écran vide. J'ai commencé parce que j'avais besoin d'être préparé pour la scène et le podium, ayant été invité à parler après Michelle Obama... Cette histoire est folle et je vous promets de vous la conter un autre jour... Pour ceux et celles intéressés, j'ai couvert toute l'histoire dans mon 36e livre, **THE POWER OF YES**. Mais pour l'instant, revenons au problème qui nous occupe : commencer.

Dans le monde de l'entrepreneuriat, il y a une sagesse commune qui dit que commencer est la tâche la plus difficile, jusqu'à ce que vous ayez commencé.

> "Il n'est pas nécessaire d'être bon pour commencer, mais il faudra commencer pour devenir bon!"
> Sagesse Populaire

Habituellement, dans le monde des affaires, pour aider quelqu'un à démarrer, il faut d'abord trouver sa motivation. Nous appelons cela **TROUVER VOTRE POURQUOI**.

Écrire des livres, c'est pareil. Alors pourquoi devriez-vous écrire? Est-ce pour raconter votre histoire, votre vie, votre version des faits? Est-ce pour bien paraître sous votre meilleur jour ou est-ce pour transférer des connaissances que vous savez précieuses. Toutes ces raisons peuvent être bonnes, mais elles pèsent également sur votre esprit lorsque vous vous grattez la tête au fur et à mesure.

> "La perfection est un mensonge."
> Dr. Bak Nguyen

C'est la chose la plus importante à garder à l'esprit. Vous écrivez pour vous sentir mieux, pas pour vous accabler. Comme dans la vie, il faut apprendre à ignorer et à ne plus entendre les opinions des autres. En écrivant des livres, vous devez faire la paix avec qui vous êtes, peu importe ce que les autres pensent.

Vous voulez un secret? Ces opinions et ce public si critique qui vous accable en ce moment n'est pas votre audience. S'il le devient, il n'est qu'une infime partie du public que vous découvrirez au fur et à mesure que vous choisirez de vous ouvrir. N'essayez pas de mieux paraître, soyez tout simplement vous, authentique et sans filtre. Soyez honnête et ouvert afin que votre public puisse s'identifier à vous. Ils se fichent que vous ayez l'air bien ou pas, ce qu'ils veulent c'est l'expérience de voir le monde à travers vos yeux.

En tant qu'auteur, votre opinion est importante. En fait, c'est la seule chose qui compte pendant que vous écrivez. Gardez à l'esprit qu'ils ont acheté un livre avec votre nom sur la couverture, votre nom!

Cela ne signifie pas que vous pouvez être arrogant et dire tout ce que vous voulez. Encore une fois, soyez authentique et honnête lorsque vous partagez vos expériences, votre point de vue et vos connaissances. Même si votre opinion sera le récit, écrire un livre reste un dialogue entre vous et vos lecteurs.

Pendant que vous écrivez, vous devez garder à l'esprit que parce que vos lecteurs n'ont pas de voix dans le livre, vous devez leur faire sentir qu'ils ont une place dans le scénario. Et comment faire cela? En nouant un dialogue avec eux.

C'est pour cette raison que vous devez être authentique et partager vos émotions et vos sentiments, pas seulement les faits. Si vous pouvez mettre vos lecteurs dans vos souliers, ils verront la réalité de vos yeux et partageront vos émotions. Les émotions sont la clé pour nouer avec votre audience.

Maintenant que vous avez séduit votre audience, votre travail, en tant qu'auteur, consiste à dialoguer avec vous-même et en guidant votre audience tout au long du récit à venir.

Chaque fois que vous posez une question, que vous doutez de vous-même, posez la question à votre alter-ego. Dans cette perspective, vous vous adressez à votre public. À ces questions, vous devrez répondre et partager votre logique et vos sentiments tout au long du processus de réflexion. Cette peur que vous avez ressentie, ils la ressentiront eux aussi. Ce sentiment d'accomplissement que vous avez, ils le partageront avec vous.

Cela n'est peut-être pas la seule façon d'écrire un livre et de raconter une histoire. C'est pourtant la meilleur façon que j'ai trouvée après avoir écrit 41 livres. Celui-ci est mon 42e. **COMMENT ÉCRIRE UN LIVRE EN 30 JOURS** peut facilement être un livre d'instructions, avec une énumération, étape par étape. Mais cela ne sera pas le cas avec moi.

COMMENT ÉCRIRE UN LIVRE EN 30 JOURS est un livre du Dr Bak, il ne sera pas sec et purement instructif. J'ai rendu le contenu et les chapitres aussi humain que possible avec des anecdotes et les sentiments que j'éprouvais en découvrant ces secrets. Vous avez l'habitude de vous amuser et d'être stimulés dans mes livres, celui-ci respectera cette promesse. C'est maintenant ce que vous attendez d'un de mes livres : être facile à lire, être utile et vous donner du pouvoir.

> "La confiance est sexy."
> Dr. Bak Nguyen

C'est maintenant l'une de mes citations les plus célèbres, je l'adore! Pour écrire et avoir d'autres à marcher dans vos souliers, vous devez trouver le courage d'assumer qui vous êtes et de vous donner à fond pour que les gens aient une idée claire. Même la timidité doit être exprimée avec audace. Et les nuances? C'est la richesse de l'histoire! Trouvez 5 mots qui vous décrivent bien et développez-les, honnêtement, librement et sans retenue. Vous parlez d'abord à vous-même!

Commencer par ces 5 mots est le meilleur des débuts. Vous aurez tout de même besoin de nourrir votre

POURQUOI pour garder votre motivation à écrire chapitre après chapitre. Vous voulez mon secret en ce sens?

Avec l'expérience d'avoir écrit 41 livres, je peux vous dire que mon premier n'est pas mon meilleur. Toutefois, j'en suis très fier et je confirme chacun des mots écrits et des pensées partagées. Écrire mon premier livre m'a donné la chance de me débarrasser de mon passé, de mon fardeau. Jusqu'à ce que vous ayez fini d'écrire votre premier livre, vous l'associez, à tort, à votre héritage. Votre histoire, votre vraie histoire, n'est pas encore écrite!

> "Le vrai pouvoir de l'écriture, c'est quand vous êtes libre d'écrire votre présent et votre futur, libre de votre passé."
> Dr. Bak Nguyen

C'est ce que j'ai découvert en écrivant. Mes deux premiers livres, **SYMPHONY OF SKILLS** et **LA SYNERGIE DES SENS** ont été ma chance de faire la paix avec mon passé, mes regrets et mon héritage. À partir de là, j'ai continué à écrire en parcourant des territoires inconnus.

LEADERSHIP et **IDENTITY** ont suivi dans les prochaines semaines. J'écrivais, et je m'amusais à dialoguer avec mon public (moi-même). Mes livres ne parlent pas de moi, même si j'en suis le personnage principal. Je suis davantage un vaisseau que vous pouvez vous accaparer pour devenir le héros de l'histoire. C'est ce que je voulais dire par marcher dans mes souliers.

Je n'écris aussi que des faits et des choses qui se sont réellement passés. C'est ma façon de garder la réalité sous contrôle et de rester digne de confiance. Je n'aurais pu faire aucune de ces choses si je m'inquiétais constamment de ce que les gens pourraient penser et s'ils seraient d'accord. S'ils peuvent ressentir ce que j'ai ressenti, ils pourraient ne pas être d'accord, mais ils comprendront quand même.

C'est le secret de mon écriture. Être apte à faire ressentir des sentiments précis à mes lecteurs et lectrices et synchroniser leurs coeurs avec le mienne est un atout très précieux. C'est pour cette raison qu'il est si important de rester authentique et honnête.

> "Écrire votre premier livre le plus tôt possible vous libérera de votre passé."
> Dr. Bak Nguyen

Sérieusement, vous devriez l'essayer. Si vous savez que votre premier livre ne sera ni votre meilleur ni le seul, pourquoi hésiter ou retarder la chance de vous libérer et surtout de laisser libre cours à vos émotions ? Cette fois, c'est permis et même recommandé. En fait, c'est ce qu'on attend de vous au moment où vous écrivez.

Saisissez la chance de partager et de vous libérer, libre de vous-même, de vos valeurs, et de vos fardeaux. Quand vous les mettez par écrit et que vous les vivez non seulement en tant que personnage principal, mais aussi en tant qu'auteur, du point de vue extérieur, vous avez gagné le choix de ce qui va suivre!

La seule façon de comprendre cela est de l'essayer. Écrivez vos 5 mots et commencez à les décrire avec audace, avec honnêteté. Chapitre après chapitre, ne regardez pas en arrière avant d'avoir fini d'écrire. Voici les principaux points de ce chapitre:

- 5 mots pour vous décrire
- Soyez audacieux, soyez honnête, soyez authentique
- Commencez à écrire votre premier livre, sans vous soucier de la façon dont vous serez perçu. Il s'agit de votre opinion.
- Partagez vos sentiments et vos émotions afin que les gens puissent suivre votre logique et de partager votre parcours.
- N'oubliez pas qu'un livre est un dialogue entre vous et votre public

- Écrivez votre premier livre dès que possible pour être enfin libre de votre passé.

> "Votre liberté vous attend.
> Courez à elle en toute confiance."
> Dr. Bak Nguyen

Il est bien connu qu'il ne faut pas juger un livre par sa couverture. Il est également sage de finir un livre avant de le juger. Si vous pouvez faire preuve d'une telle courtoisie envers les autres, je suis sûr que vous pouvez trouver en vous la générosité et la tolérance pour vous-même!

Commencez et finissez d'écrire votre premier livre pour découvrir les pouvoirs et la liberté qui vous attendent. L'ascension est ce qui vient après la fin du premier livre, c'est pourquoi vous ne voulez pas passer trop de temps à écrire votre premier...

Suivez-moi dans les prochains chapitres et je vous guiderai dans **COMMENT ÉCRIRE UN LIVRE EN 30 JOURS**. Ce faisant, vous partagerez ma liberté et mes pouvoirs.

Ceci est **COMMENT ÉCRIRE UN LIVRE EN 30 JOURS,** présenté par **MILLION DOLLAR MINDSET**. Bienvenu(e)s aux ALPHAS.

> Le pouvoir de l'écriture
> est de vous libérer de votre passé.
> **Dr. BAK NGUYEN**

CHAPITRE 2
"ÉCRIRE EST UN DIALOGUE"
Par Dr. BAK NGUYEN

Avec cette nouvelle franchise, **MILLION DOLLAR MINDSET**, nous écrivons pour nous améliorer et pour grandir jusqu'à l'atteinte de l'**ÉTAT D'ESPRIT** du **MILLIONAIRE**. Alors sur quoi devons-nous écrire? À moins que vous n'écriviez un roman ou un livre scientifique, le premier livre devrait être sur vous-même! Habituellement, nous nous attendons à ce que les experts écrivent sur leur domaine d'expertise.

Quel meilleur expert pour parler de vous que vous-même? Je sais que cela peut sembler très étrange d'écrire sur nous-mêmes. Cela viendra, ne vous inquiétez pas. N'écrivez pas sur vous, mais sur ce que les gens peuvent apprendre de vous, à travers vous.

"Écrire un livre est un dialogue."
Dr. Bak Nguyen

Commencez par ce que vous voudriez que les gens apprennent de votre expérience. Il n'est pas nécessaire que ce soit quelque chose de grand et hors de proportion. Les choses de la vie quotidienne sont les meilleurs sujets à couvrir, car cela permet à votre auditoire de s'identifier facilement à vous.

Qu'avez-vous qui mérite de l'attention? Quelles sont vos opinions et comment avez-vous surmonté les défis et les tâches à accomplir? Les gens ne recherchent pas de solutions parfaites, ils cherchent à comprendre comment vous avez surmonter telle ou telle épreuve. Votre travail en tant qu'auteur est de partager et de les inspirer. Cela se fera à travers le partage des vos émotions.

> « Sentir est souvent difficile et coûteux.
> Les émotions peuvent être folles !
> Dr. Bak Nguyen

La peur, la colère, l'amour, la jalousie... toutes ces émotions peuvent être très difficiles à assimiler. Votre travail en tant qu'auteur est de faire vivre ces sentiments à votre audience. S'ils se sentent proches de vous, ils partageront vos sentiments et suivront votre cheminement. Pour eux, c'est une bonne affaire puisqu'ils auront le sentiment, mais sans le en payer le prix émotionnel qui l'accompagne. C'est votre histoire, pas la leur.

C'est la partie divertissante de la lecture, ressentir les sentiments sans le coût émotionnel attaché. Les films et émissions de télévision le font au quotidien en vous entraînant dans un voyage dans l'inconnu. En tant qu'écrivain, vous êtes tenu de respecter la même norme, de vous connecter avec votre public et de lui faire ressentir quelque chose de spécial. C'est ce que j'ai appris de mon passé de réalisateur.

Faîtes ressentir d'abord, puis vous pourrez faire réfléchir. Si tout ce que vous faites est cérébral, vous ne vous connecterez jamais avec votre audience. Ce n'est pas le sujet qui compte, mais la manière dont vous amenez le sujet sur la table.

Avoir une situation et un défi clairement identifié. Ensuite, revenez à votre héros (vous, dans ce cas-ci) et décrivez-vous en train de vivre les émotions et les doutes. Cela aide toujours quand vous vous imaginez sans prétention.

Ces 5 mots qui vous décrivent seront le point de départ de votre parcours. À partir de là, vous êtes face à un défi et vous devrez évoluer pour trouver la solution. Pas tout de suite, chaque échec en cours de route est une opportunité pour vous d'évoluer.

Plus vous partagerez vos sentiments et vos émotions, plus votre histoire sera riche. Gardez à l'esprit qu'en tant qu'écrivain, vous n'êtes plus le héros, c'est votre public qui l'est. Vous êtes l'écrivain, vous guidez votre héros tout au long du voyage.

Au fur et à mesure que vous écrivez sur votre propre parcours, cela vous permettra de revivre les événements et les émotions, mais avec une toute nouvelle perspective. C'est pourquoi écrire sur son évolution a des effets libérateur.

Souvent, la première ébauche ne portera que sur ce dont vous vous souvenez. C'est super, donnez-vous à fond et racontez l'histoire à travers vos yeux et vos émotions, avec audace et honnêteté.

Puis, quand vous allez vous relire, au deuxième passage, détachez-vous de l'histoire et corrigez-la comme le ferait un écrivain : raconter une histoire sans en ressentir les hauts et les bas. Vos corrections et la deuxième voix que vous ajouterez à votre texte donneront de la profondeur à votre récit. C'est ainsi que vous pouvez entamer un dialogue entre vous et votre public.

Bien sûr, vous pouvez faire le contraire, commencer par le cadre et le récit d'abord, puis creuser pour mettre les émotions en un 2e temps. Pour moi, cela ne fonctionne pas aussi bien, car c'est ainsi que nous écrivons un scénario de fiction. On met en place un monde et après, on essaie de lui donner vie par des moyens artificiels.

Je préfère, de loin, raconter une histoire vraie et ensuite, voir le récit dans son ensemble et la corriger pour accentuer les moments forts. Ainsi, le résultat final est organique et authentique, en plus de répondre aux exigences d'un scénario classique.

Je préfère, de loin, raconter une histoire vraie et ensuite, voir le récit dans son ensemble et la corriger pour accentuer les moments forts. Ainsi, le résultat final est organique et authentique, en plus de répondre aux exigences d'un scénario classique. En d'autres termes, le sentiment d'abord et la logique après. Faites battre le cœur des gens et vous avez une audience. Demandez aux gens de réfléchir, ils critiqueront et vous laisseront derrière sans hésitation.

> "Le secret tient en un mot : les sentiments."
> Dr. Bak Nguyen

Alors oui, vous avez besoin d'un défi. Je suppose que si vous aviez en tête d'écrire un livre, vous avez sûrement le choix des défis auxquels vous avez été confrontés. Si vous ne le faites pas, c'est votre défi, trouvez un épisode de votre vie où surmonter vos difficultés tiendra les gens en haleine! "Je veux écrire un livre, et ma vie n'a pas de défi… " Dans ce cas, votre livre pourra porter sur la quête d'un défi qui définira votre destin!

Vous pouvez absolument écrire sur n'importe quoi, il vous suffit que de vous investir. Un défi et ces 5 mots qui vous décrivent. Les 5 mots sont votre point de départ. Le défi est votre excuse pour commencer votre parcours. Dans la vie de tous les jours, il est toujours difficile et lourd de commencer à évoluer.

Dans nos vies de tous les jours, nous avons davantage tendance à fuir un défi plutôt qu'à les confronter. En tant qu'écrivain, le défi est déjà terminé, nous n'avons donc pas le premier fardeau de le faire ou de ne pas le faire.

Ce que nous avons à faire est de commencer à raconter l'histoire, puis de la parcourir une deuxième fois en tant que **NARRATEUR**, pas en tant que **HÉRO**. S'il ne se passe rien dans votre vie en ce moment, l'écriture comblera le vide sans vous coûter cher en émotions.

> "Écrire, c'est revivre une seconde fois, autrement et pleinement."
> Dr. Bak Nguyen

Vous n'avez pas idée à quel point cette dernière affirmation est vraie! L'écriture m'a permis de revisiter mon passé, de l'effacer, mais surtout, d'avoir la chance d'en extraire le maximum de sagesse.

Quand j'ai écrit **SYMPHONY OF SKILLS**, je l'ai fait en 2 semaines car j'avais peur d'affronter la scène après Michelle Obama. J'avais peur, alors j'ai commencé sans procrastiner.

Le véritable coup de pouce est arrivé lorsqu'un ami, producteur et réalisateur plusieurs fois récompensé, m'a dit d'écrire sur mes échecs plutôt que sur mes victoires. Cela a changé la donne. Les mots remplissaient les pages presque d'eux-mêmes. Comme je n'ai aucun problème à partager mes émotions, les faits et les émotions se sont fusionnés de plus en plus étroitement pour donner une histoire unique et un grand récit.

J'ai commencé à écrire parce que cela me faisait beaucoup de bien. Ensuite, j'ai lu mon histoire et j'ai vu la logique et les défis tels qu'ils étaient vraiment, pas tels que je me souvenais. Cette nouvelle perspective m'a permis de voir ma propre histoire avec un autre angle de vue. Il s'agissait des mêmes faits, mais les détails resurgissant, m'ont permis de voir des récits différents et des sagesses que j'avais manquées alors que j'étais trop occupé à gérer mes émotions. Cela m'a permis de donner un sens à mon histoire avec une meilleure vue d'ensemble.

> "La vision tunnelle d'un héros est excellente en termes d'expérience émotionnelle, mais très pauvre en sagesse."
> Dr. Bak Nguyen

Les faits sont les faits, vous ne pouvez pas les changer, mais la réédition de votre histoire vous permettra de tirer un récit qui donnera un sens à chaque événement, en mettant l'accent sur les événements importants et en minimisant les moins importants. Tout ce qui s'est passé dans votre vie n'aura pas le même poids. Et le plaisir est que c'est vous, en tant qu'auteur, qui décidez ce qui a de l'importance et ce qui en a moins.

De **SYMPHONY OF SKILLS**, mon premier livre, j'emprunterai les lignes suivantes : il faut apprendre à éditer son histoire pour lui donner un sens. L'écriture vous donnera cette chance d'éditer ou de rééditer votre histoire. Résistez à la tentation de mentir et d'être malhonnête. Ce faisant, vous jouez votre crédibilité. Et la crédibilité, c'est tout ce dont un écrivain possède pour garder le lien de confiance avec son audience.

Bien sûr, nous parlons toujours de la rédaction d'une biographie et d'un livre en rapport avec votre parcours. Si vous écrivez de la fiction, tant que vous êtes au clair sur les faits, amenez votre lecteur là où cela pourrait plaire... à lui et à vous!

"Osez, avec honnêteté."
Dr Bak Nguyen

En tant qu'écrivain, c'est maintenant votre travail de guider les gens à travers votre scénario. Pour cela, vous devez être concis et clair sur votre identité (l'identité du héros et du personnage principal).

Avec tant d'attention et sous les projecteurs, c'est peut-être la première fois que vous vous sentez comme un héros! Appréciez l'expérience! Rappelez-vous, cette histoire n'était pas pour vous, mais bien pour eux! Vous n'êtes que le personnage auquel votre audience s'identifiera. Soyez authentique et surprenez votre public!

Restez honnête pour ne pas perdre votre lien de confiance. N'oubliez pas que votre objectif était de leur donner les moyens de vivre quelque chose de plus grand que leur propre vie, à travers la vôtre. Votre récit est une simulation de ce qu'ils auraient vécu si... Vous pouvez modifier, réorganiser, romancer le récit, mais il doit être conforme à la vérité.

En écrivant SYMPHONY OF SKILLS, j'ai beaucoup joué avec ce concept. Vous serez étonné de voir à quel point vous pouvez amplifier et donner de la valeur à votre récit en restant véridique, honnête et audacieux.

Souvent, il ne s'agit pas des faits, mais de ce que vous avez fait et de ce que vous avez ressenti après. Plus vous êtes transparent avec votre public, vous ne ferez qu'un avec lui. C'est la clé d'un récit réussi et de l'établissement du dialogue entre votre public et vous-même.

> « Le dialogue a été le début. À partir de là,
> vous pouvez construire une relation,
> voire même, une histoire d'amour !
> Dr. Bak Nguyen

Voici les principaux points de ce chapitre :

- Identifiez clairement votre **défi** (ce que vous voulez que les gens retiennent de votre parcours).
- Partagez, ouvertement, **LE RÉCIT EST UNE QUESTION D'ÉMOTIONS**
- L'original de votre récit doit se faire via les yeux de votre **HÉRO**
- Écrivez votre deuxième version du point de vue du **NARRATEUR**
- Modifiez et hiérarchisez les faits pour leur donner un sens.
- Soyez audacieux, soyez honnête.

> "Sachez qui est votre public, c'est un moyen sûr où commencer votre écriture."
> Dr. Bak Nguyen

Même si je vous ai dit que l'écriture vous fera beaucoup de bien, gardez à l'esprit que vous écrivez pour votre public. Il est impératif d'identifier clairement votre public. Ce faisant, vous avez une meilleure chance de comprendre comment ils et elles réagiront à vos paroles et à vos sentiments.

Dans le monde de l'art, un artiste a besoin de s'exprimer pour être un bon artiste. Dans le monde de la communication et de la narration, ce n'est pas l'écrivain qui compte, mais le message transmis au final. Tout doit être évalué du point de vue du lecteur.

Si vous avez réussi à établir un lien de confiance avec votre audience, parce qu'ils s'identifient à vous, c'est plus facile puisque leur point de vue est votre point de vue. Si vous avez manqué cette étape, vous aurez du mal tout au long du livre à retenir leur attention et à les retenir de vous juger.

> "Sachez qui est votre public et établissez
> des ponts et un lien de confiance."
> Dr. Bak Nguyen

Vous en avez maintenant suffisamment pour commencer à raconter votre histoire. Bien sûr, il y a plus à venir, mais avec ce que vous avez appris jusqu'à présent, vous pouvez voir le récit dans votre tête. Je peux sentir votre enthousiasme et votre excitation d'ici. Prenez votre ordinateur portable, une feuille de papier ou même votre téléphone intelligent et commencez à écrire!

La première partie du titre de ce livre **COMMENT ÉCRIRE UN LIVRE EN 30 JOURS**, est pour vous permettre de démarrer. C'est fait! Maintenant, essayons de le faire dans les 30 prochains jours pour garder votre enthousiasme et votre plaisir!

Ceci est **COMMENT ÉCRIRE UN LIVRE EN 30 JOURS,** présenté par **MILLION DOLLAR MINDSET**. Bienvenu(e)s aux ALPHAS.

> Le pouvoir de l'écriture
> est de vous libérer de votre passé.
> Dr. BAK NGUYEN

CHAPITRE 3
"LA STRUCTURE TRANSFORMERA VOS IDÉES EN MOTS, VOS MOTS EN PHRASES ET VOS PHRASES EN CHAPITRES."

Par Dr. BAK NGUYEN

Après 2 chapitres, vous êtes prêt à écrire si vous n'avez pas encore commencé votre livre. Commencer a été la chose la plus difficile à faire. Maintenant, je dois encore vous mener à la ligne d'arrivée!

À moins que vous ne soyez extrêmement inspiré et que vous ayez du temps libre, votre livre ne se réalisera pas du jour au lendemain. Il faudra des jours et des semaines de passion et de dévouement continus pour compiler un livre. Établissons un plan et une structure pour vous aider à traverser vos 30 jours.

La première chose avec laquelle je commence habituellement est de trouver un titre. C'est ma façon de me motiver. Même si le titre peut changer en cours de route, avoir un titre dès le premier jour me permet d'avoir un drapeau et de savoir que mon idée est maintenant devenu un vrai projet.

Je suis devenu assez bon pour éditer et faire des couvertures depuis mon passage sur Instagram. J'utilise la plupart des outils d'Instagram pour éditer des images et y superposer des textes pour faire la couverture de mon nouveau livre.

En 15 à 20 minutes, et depuis mon iPhone X, je peux créer une couverture et un titre. Parfois, je peux faire plus d'une alternatives pour me gâter avec des choix de couvertures différentes. Cela fait partie du plaisir de créer. Mon entourage, et parfois, les personnes qui me suivent sur le réseau social, auront leur mot à dire sur la couverture qu'ils préfèrent.

"Commencer avec une victoire, c'est plus facile."
Dr. Bak Nguyen

Je partage mes avancements sur les réseaux sociaux pour deux raisons. Premièrement, parce qu'ils zont servi de groupe de discussion et m'ont permis de tester mes idées. Deuxièmement, annoncer un nouveau titre me force à rendre celui-ci réel et coupe court à toute procrastination.

Je me tiens responsable de la tâche à accomplir et j'ai pris le monde comme témoin. Pour ceux d'entre vous qui aimeraient en savoir plusse sur le secret de l'utilisation des médias sociaux pour renforcer votre Momentum, j'ai abordé le sujet dans mon 7e livre, **MOMENTUM TRANSFER**, écrit avec coach Dino Masson.

La plupart du temps, cela suffit pour le premier jour. Bien sûr, je continuerai à penser au livre et à l'histoire, mais si j'ai une couverture et un titre, c'est suffisant pour le **JOUR 1**.

> "La structure transformera vos idées en mots, les mots en phrases et les phrases en chapitres."
> Dr. Bak Nguyen

Au fur et à mesure que les chapitres s'enchaînent, votre livre prend forme jour après jour.

INTRODUCTION

JOUR 2: Le deuxième jour sera consacré à la rédaction de votre introduction.

Vous pouvez dire ce que vous voulez dans l'introduction. Si vous voulez un démarrage rapide, dites aux gens pourquoi vous écrivez ce livre et comment vous en êtes venu à trouver la motivation pour commencer.

De plus, dans l'introduction, vous devez identifier clairement qui votre auditoire et ce que vous souhaitez qu'ils retirent de ce livre. L'introduction est un excellent moyen pour vous de saluer votre public et de l'accueillir dans votre monde, votre parcours. Cela devrait être facile puisque vous écrirez comme si vous parliez à quelqu'un, cœur à cœur.

> "Le cœur à cœur est authentique.
> Il ne peut en être autrement."
> Dr. Bak Nguyen

Cette dernière partie est très importante. Ouvrez votre cœur pour que les gens puissent le toucher, voire sentir son battement depuis votre poitrine. Si vous parvenez à être aussi ouvert, votre public commencera tout de suite à s'identifier avec vous.

Comment avez-vous fait ça? Assez simple, commencez par montrer le défaut et la faiblesse qui vous ont causé des ennuis. Le défi peut être banal, mais la difficulté s'est accrue au fur et à mesure que vous étiez handicapé par un défaut ou une faiblesse. Oui, ce défaut est l'un de ces 5 mots qui vous définissent. Mais parce que vous avez partagé votre faiblesse, c'était une confidence qui vous rapprochera de votre audience.

De ce défaut, vous partagerez votre évolution et comment vous l'avez emporté à la fin de la journée. Votre défi n'en était pas le principal intérêt. C'est votre réaction, votre déni, votre acceptation face à ce défaut qui est l'intérêt principal de l'histoire. C'est ainsi que vous pouvez rendre votre histoire personnelle et unique, même à partir d'un événement banal de la vie.

"L'introduction est l'étape la plus importante du voyage car elle donnera le ton pour ce qui suit."
Dr. Bak Nguyen

Je ne dis pas que le reste n'a pas d'importance, mais si les gens arrêtent de lire après l'introduction, et bien, la partie est terminée. Assurez-vous de prendre le temps de vous connecter et de communiquer avec votre audience. Intriguez-les avec le mystère et les promesses de ce qui va arriver dans les prochains chapitres. L'introduction initie l'intérêt de votre audience et le prépare pour ce qui va suivre.

Bien sûr, le texte à l'arrière de la couverture de votre livre est le véritable vendeur, l'intrigue et les promesses y sont, mais souvent fragmentées et éditées comme une bande-annonce de film. L'introduction est le vrai test, votre première rencontre avec votre public. De là, vous vous embarquez pour un grand voyage!

> "De la constance plus que le talent, c'est ce qu'il faudra pour écrire avec succès."
> Dr. Bak Nguyen

Je ne suis pas un expert en littérature ni ne suis-je titulaire d'une maîtrise en langue. J'écris parce que j'ai une histoire à partager. J'aurais pu choisir un appareil photo ou un instrument de musique pour raconter mon histoire, j'ai décidé d'écrire des livres. L'idée est de ne pas se laisser intimider par les souvenirs que nous avons accumulés de l'école.

Il ne s'agit pas d'être parfait, il s'agit de partager et de connecter. Vous n'avez rien à prouver à personne! Soyez simplement vous-même et écrivez comme vous vous sentez à l'aise de le faire.

Personnellement, j'écris comme je parle. Cela a commencé alors que j'écrivais pour me préparer à donner un discours sur scène. Ensuite, j'ai remarqué à quel point la lecture en était facile et à quel point j'écrivais avec des phrases courtes et des mots simples à comprendre. C'est devenu mon style.

Jusqu'à présent, les gens adoraient la simplicité de ma formulation. Il ne s'agit pas de la forme mais du contenu. C'est un choix personnel, mais si vous voulez mon avis, pour séduire le public d'aujourd'hui, un public de moins en moins enclin à lire, ne vous mettez pas trop de pression sur les épaules.

"Moins il y a de filtres, plus c'est authentique."
Dr. Bak Nguyen

Oui, vous aurez encore besoin de peaufiner vos mots et vos idées, mais pourquoi essayer d'impressionner vos lecteurs ? Connectez plutôt avec eux, croyez-moi, c'est bien plus important et précieux.

Votre public a choisi votre livre pour son contenu et les promesses d'une bonne lecture, pas pour être éduqué dans l'art littéraire. Tout comme le métier de montage dans l'industrie cinématographique, l'écriture est un médium qui, s'il est maîtrisé avec succès, devrait être invisible pour les sens.

Donc, si vous voulez mon avis, écrivez dans vos propres mots et style. Soyez vous-même et restez authentique, c'est le moyen le plus simple de nouer. Il a également l'avantage que vous pouvez écrire plus rapidement.

> "Même audacieux, je n'aime pas prétendre à quelque chose que je ne suis pas. Je pourrais projeter, mais pas faire semblant."
> Dr. Bak Nguyen

C'était le jour 2, pour écrire votre introduction. Maintenant, jour 3, définissez vos chapitres. Au début, je définissais mes chapitres avant de faire mon introduction. Cela fonctionnait, mais j'ai affiné mes méthodes depuis.

Rédiger l'introduction est une étape facile puisque je présente à mon public ce que j'écris et pourquoi j'écris un livre ou un autre. Habituellement, après avoir écrit l'introduction, je suis excité et ma vision commence à se clarifier.

C'est le moment idéal pour planifier les chapitres. Comme vous pouvez le constater, j'utilise au maximum mon **INTELLIGENCE ÉMOTIONNELLE** pour conserver l'authenticité et la bonne humeur de la motivation. En d'autres termes, j'essaie de ressentir l'excitation avant de faire le travail structurel et préparatoire. Ne vous méprenez pas, la structure est l'étape la plus importante de l'écriture d'un livre.

Je n'ai choisi de vous parler de structure qu'au 3ème chapitre de ce livre, pourquoi? Car votre âme et votre histoire doit être l'ingrédient principal de votre livre. La structure est la pour en faire un chef d'oeuvre, mais sans âme, ce sera un livre générique, en d'autres mots, plates. En essayant de bien paraître ou d'impressionner les gens, vous serez superficiel et aurez perdu toute crédibilité.

Ne vous trompez pas, votre public va sentir le bluff et la triche! Nourrissez-vous plutôt de vraies émotions et construisez votre récit de là. Dès que votre audience sent, il vous est gagné.

Votre introduction et la couverture étant prêtes, vous êtes maintenant sûr que votre livre est sur la bonne voie. Le sentiment d'accomplissement et la satisfaction vous feront écrire pendant un certain temps, au moins jusqu'au chapitre 4 ou 5. J'ai appris cela par expérience.

Vous pouvez continuer à écrire comme bon vous semble, mais sans plan, vers le chapitre 4 ou 5, vous commencerez à vous essouffler. Vous reprendre et trouver votre souffle à partir de ce point est très, très difficile. Sur ce point, vous pouvez me croire sur parole.

C'est pourquoi la plupart des écrivains mettent des mois et des années à terminer un livre. Ils écrivent comme ils se sentent, et lorsqu'ils atteignent un mur d'inspiration, ils s'arrêtent d'écrire jusqu'à ce que l'inspiration revienne. J'ai essayé cette approche, ça ne marche pas pour moi. Au lieu de cela, au jour 3, j'utilise mon excitation et mon élan pour construire la structure du livre, la partie ennuyeuse du parcours.

STRUCTURE

Il n'y a pas de bonnes réponses ici, mais si vous voulez mon modèle, le voici :

Je commence généralement à écrire les thèmes que je veux couvrir. Habituellement, ce sont un à trois mots au maximum par thème. Si je prévois 20 thèmes (chapitres), je rédige généralement au moins le double de ce dont j'ai besoin. En l'occurrence, 40 thèmes, pour me permettre de choisir parmi les meilleurs et ceux qui continueront de m'inspirer au fur et à mesure que j'avance mes chapitres.

Vous l'avez compris, un thème est un chapitre. Chaque jour, je choisis un thème et je le développe, faisant toujours avancer mon histoire à partir de ces 5 mots qui me définissent et du défi avec lequel j'ai commencé.

Si vous avez prévu 20 chapitres par exemple, le premier jour sera pour le titre et la couverture. Le **JOUR 2** sera pour **l'INTRODUCTION**, et au cours du **JOUR 2** ou du **JOUR 3** je commencerai à écrire les thèmes du livre.

Si vous modifiez votre plan en plein écriture, ceci est votre table des matières. Bien sûr, vous pouvez toujours revenir en arrière et en modifier le contenu, mais au moins cela vous aidera à suivre la progression de votre livre. Si vous voulez une valeur sûre, voici les modèles que je vous conseillerai d'adopter.

MODÈLE A:

Prévoyez 8 à 9 chapitres (c'est-à-dire 18 à 20 thèmes définis), plus une introduction et une conclusion, qui feront un livre de 10-11 chapitres.

Ce sera un livre respectable, pas une brique, mais un livre que la plupart des gens n'auront pas peur de prendre et de commencer à lire. Si vous considérez que chaque chapitre sera de 1500 à 2000 mots, cela vous donnera un livre de 15 000 mots à 22 000 mots. C'est un livre respectable.

Alternative B:

Vous pouvez également décider d'avoir davantage de chapitres plus courts. Dans ce cas, je vous conseillerai d'avoir 15 à 18 chapitres prévus (c'est-à-dire d'avoir 40 thèmes définis), plus une introduction et une conclusion, qui feront un livre de 17 à 20 chapitres au total.

Dans ce cas, je vous conseille vivement de ne pas dépasser 1500 mots par chapitre. Le livre total affichera toujours de 25 000 à 30 000 mots. Ce n'est pas le nombre de mots qui compte, mais c'est un bon guide pour ne pas perdre l'intérêt de votre audience.

Pour votre premier livre, quelle alternative est la meilleure? J'opterais pour des chapitres plus courts. La raison est simple, avec plus de structure, vous êtes mieux accompagné pour parcourir votre premier récit. Je peux vous dire que mon premier livre avait 21 chapitres plus une introduction et une conclusion. Les 3 derniers chapitres ont été plus difficiles à écrire, même si j'avais encore une belle liste de thèmes à choisir. J'ai fini par écrire un livre de 25 000 mots.

Avec plus d'expérience, j'aurai tendance aujourd'hui à opter pour l'autre option, moins de chapitres, mais avec plus de liberté pour écrire à leur sujet. Cette dernière alternative me permet généralement d'écrire un livre en plus ou moin une semaine.

Oui, je condense les jours. Avec l'expérience, vous commencez à jouer avec les modèles et essayez de nouvelles choses, tant que vous avez une structure et que vous continuez à alimenter votre **Momentum**.

Attention, au chapitre 4 ou 5, si vous ne suivez pas le modèle, vous ne voulez pas tomber dans le piège du **MUR D'INSPIRATION**. Alors au **JOUR 3**, élaborez votre structure et notez vos thèmes. Cela suffira pour le **JOUR 3**. Au **JOUR 4**, une fois par jour, écrivez le chapitre que vous avez choisi parmi votre liste de thèmes.

Au début, ce sera facile, mais au fur et à mesure que vous écrivez, les thèmes que vous n'avez pas choisis sont ceux qui vous inspirent le moins. Ne vous torturez pas, passez au prochain, tout simplement! C'est pourquoi vous voulez au moins deux fois plus de thèmes que ce dont vous avez besoin.

Un thème n'est pas un sujet, c'est principalement l'angle sous lequel vous aborderez ce chapitre. Je vous ai demandé d'avoir 5 mots pour vous décrire. Déjà, ces 5 mots sont 5 chapitres de votre livre. Tout ce dont vous avez besoin maintenant est de commencer à les développer et de voir où et comment ils coloreront votre histoire. Voici les principaux points de ce chapitre:

JOUR 1 : Faites votre couverture et trouvez votre titre
JOUR 2 : Rédigez votre introduction

JOUR 3 : Choisissez votre structure et notez vos thèmes (vous avez deux fois plus de thèmes que le nombre total de vos chapitres prévus).

JOUR 4 : Écrivez un chapitre par jour.

Si vous vous sentez inspiré, vous pouvez toujours écrire plu d'un chapitre par jour, mais gardez à l'esprit que la constance est la clé de votre succès. Il vaut mieux écrire un chapitre par jour que de sprinter en écrivant 4 puis de faire une pause de 4 jours avant de reprendre.

> "L'écriture est un processus évolutif.
> Cela va prendre du temps."
> Dr. Bak Nguyen

Je ne vous encourage pas à procrastiner, mais en écriture, il faut vous donner le temps de vous ressourcer, de laisser suffisamment de temps à votre cerveau pour traiter l'information et de construire demain, sur les bases d'aujourd'hui.

Si vous tardez trop entre les chapitres, vous perdrez le fil de l'histoire et finirez par écrire uniquement les faits génériques. N'oubliez pas que du point de vue du héros (vue émotionnelle), ce ne sont pas les faits qui comptent le plus, mais vos émotions qui les traversent. C'était votre brouillon.

À votre relecture, vous pouvez maintenant y ajouter une nouvelle couche émotionnelle qui ajoutera beaucoup de profondeur à votre récit.

Souvent, cela ne changera pas grand-chose à l'histoire, mais en ajoutant quelques touches personnelles ici et là, vous personnalisez votre récit et le rendez beaucoup plus attrayant pour votre public. Sur ce, permettez-moi de partager avec vous une histoire. Souvent, lorsque j'écris, j'ai un thème et une histoire précis en tête. Pourtant, je n'ai aucune idée précise de ce que le prochain chapitre va contenir.

Je mets simplement de la musique et, en fermant les yeux, je lâche prise et je suis l'ambiance. Le brouillon est principalement moi, libre de toute contrainte, me laissant aller sur le sujet. Ensuite, en relecture, je suis plus logique. Je m'assure alors de la cohérence de mes idées d'un chapitre à l'autre.

Le brouillon a l'avantage d'être un élément de surprise, même pour moi. Très souvent, vous serez surpris par votre propres mots. Cela se traduit par l'incorporation véritable de sentiments authentiques. La relecture est pour assuré la colonne vertébrale et la structure du récit, en vous assurant de l'évolution de votre histoire. Cette courbe d'évolution est la colonne vertébrale de votre livre.

Vous n'avez pas à suivre à la lettre mes recommandation ici. Vous pouvez trouver votre propre inspiration et trouve ce qui fonctionne pour vous. C'est toujours plus facile d'avoir un modèle à modifier que de créer le vôtre, surtout pour votre premier livre. Mais pour éviter l'écran blanc et le mur d'inspiration, il est plus simple de partir d'un modèle et de le modifier au besoin.

Ceci est mon modèle. Faites-moi confiance, suivez cette recette et vous aurez fini d'écrire votre livre en 3 semaines. Vous aurez encore une semaine pour corriger et peaufiner vos idées.

COMMENT ÉCRIRE UN LIVRE EN 30 JOURS vous donnera la satisfaction que c'était possible et agréable. Oui, agréable! Quel sentiment de bien-être vous aurez à découvrir votre destiné et vos pouvoirs en revisitant vos souvenirs. C'est ça écrire, c'est d'avoir la chance de vivre et de revivre! C'est d'avoir la chance évoluer 2 fois, en ne faisant qu'une chose : écrire et partager vos pensées!

Ceci est **COMMENT ÉCRIRE UN LIVRE EN 30 JOURS,** présenté par **MILLION DOLLAR MINDSET**. Bienvenu(e)s aux ALPHAS.

Le pouvoir de l'écriture
est de vous libérer de votre passé.
Dr. BAK NGUYEN

CHAPITRE 4
"ANATOMIE D'UN CHAPITRE"
Par Dr. BAK NGUYEN

"Un chapitre, un thème"
Dr. Bak Nguyen

Félicitations, vous êtes sur la bonne voie pour écrire votre premier livre! Vous avez maintenant un titre, une couverture, une introduction et une table des matières. Prenez une minute pour réaliser pleinement ce que vous êtes sur le point d'accomplir.

Car OUI, se nourrir de compliments et d'inspiration est le quotidien d'un écrivain. Puisque vous êtes seul avec votre ordinateur portable ou votre téléphone, ne passez pas une seule occasion de vous inspirer et de vous ressourcer.

> "Les meilleurs encouragements viennent de l'intérieur."
> Dr. Bak Nguyen

Là-dessus, vous pouvez me faire confiance. Pendant que vous écrivez votre premier livre, voire même le deuxième et le troisième, personne ne vous encouragera. Ils ne diront peut-être pas un mot, mais souvent, ils vous regarderont avec des yeux vous dévisageant: qu'avez-vous de plus qu'eux pour écrire un livre?!

Vous n'avez pas besoin de ce genre de jugement. Et si vous engagez la discussion avec eux, ils vous prouveront que vous avez tort... du simple fait que vous n'avez pas encore terminé votre premier livre!

Prenez-le de quelqu'un qui a écrit 41 livres. Même maintenant, les gens me regardent en souriant, mais cachent souvent un sentiment moins pur... Une fois votre livre sorti, c'est une autre histoire ! Jusque-là, gardez-le pour vous.

*"Les chapitres sont les pierres de votre fondation.
Avec les chapitres, vous construirez votre légende."*
Dr. Bak Nguyen

Pour votre premier chapitre, j'en suis sûr, vous n'aurez pas besoin de mon aide. Cela fait maintenant 3 jours ou plus que vous avez hâte de commencer à raconter votre histoire.

La plupart des gens continueront d'écrire et d'écrire jusqu'à ce qu'ils atteignent le 4e chapitre. Parce que tout s'est déroulé sans forme ni plan, vous frapperez alors le **MUR D'INSPIRATION**.

Ensuite, vous commencerez à lire et relire vos chapitres et à les peaufiner, en ajoutant ici et là. Le problème demeure, votre histoire n'avance pas!

Le problème est souvent dû au fait que vous en mettez trop dans un même chapitre. Nous savons tous à quel point il est difficile de faire le tri entre ce qui est bon et ce qui est tout simplement de trop. Vous ne voulez surtout pas avoir à couper, jeter et recommencer!

Résistez à la tentation de simplement sauter à l'aventure sans structure ni plan. Ayant écrit 41 livres, je vous dirai que vos meilleurs et plus fidèles alliés ne sont pas vos talents ni votre inspiration.

> "En tant qu'écrivain, vos alliées les plus fidèles sont la structure et la cohérence."
> Dr. Bak Nguyen

Pour continuer à écrire jour après jour, il est préférable pour vous d'avoir un chapitre écrit par jour et de garder le rythme pour les semaines à venir que de vous lancer dans l'écriture de 4 chapitres en un jour, parce que vous êtes inspiré, et tomber parce que vous êtes à bout de souffle et maintenant en panne d'inspiration.

Je vous ai déjà donné le secret de la table des matières, les **THÈMES**. C'était pour la structure du livre dans son ensemble. Qu'en est-il de la structure d'un chapitre ?

Encore une fois, ce n'est pas une science exacte, ceci n'est que mon point de vue et ma façon d'écrire des livres. Sur les bancs de classe, nous avons tous appris cette structure pour écrire un texte :

INTRODUCTION - DÉVELOPPEMENT - CONCLUSION

C'est un bon point de départ pour construire. À l'intérieur d'un chapitre, vous avez principalement besoin du même principe, mais mieux adapté. Vous avez besoin d'introduire l'idée, de le developper et l'intégrer dans votre histoire pour son avancement.

Par contre, vous ne voulez pas introduire et reintroduire à chaque fois, cela va couper le rythme de votre lecture et vous n'aurez jamais de momentum. Ce serait l'erreur avec des introductions systématiques à chaque chapitre. De même si vous concluez à la fin d'un chapitre, ce serait une grande erreur. Vous devez plutôt faire le pont vers le prochain chapitre.

Dès le début du chapitre, vous devez présenter votre problème ou défi. Principalement, vous présentez les **FAITS**. Si vous n'avez pas de problème à présenter, vous pouvez aussi présenter quelque chose d'audacieux, une affirmation, une promesse ou un objectif à atteindre. Vous aurez le reste du chapitre pour élaborer sur la façon dont vous parviendrez à tenir votre discours.

La deuxième partie de votre chapitre est souvent constituée d'opinions personnelles. Partagez vos émotions et ce que vous ressentez face à votre **défi**. Il est permis et même attendu que vous partagiez vos peurs et vos doutes ici.

Vous devez également trouver votre Espoir et partager comment vous parvenez à trouver l'énergie et la volonté pour aller de l'avant. La deuxième partie de votre chapitre est la partie émotionnelle (le point de vue du héros).

Cette deuxième partie est la meilleure opportunité pour vous de vous présenter comme un outsider. Vous n'étiez nulle part près d'une solution et tous vos sentiments s'alignaient contre vous. C'est souvent là que les gens s'identifieront à vous. Encore une fois, s'il vous plaît, restez honnête.

Vient ensuite le développement, **LA MONTÉE ÉMOTIONNELLE**. De vos difficultés et de vos doutes, vous tenez haut le flambeau à travers les ténèbres. Dites-nous comment vous le faites, révélez vos secrets et surtout vos émotions. Dans mes livres, j'emploie souvent des anecdotes personnelles pour illustrer une situation ou un concept.

Cela me permet d'expliquer tout en resserant mes liens avec mon lecteur.

> "Un chapitre, un thème."
> Dr. Bak Nguyen

C'est une règle d'or quand on commence à écrire. Un chapitre, un thème. Un chapitre, un défi, un chapitre, une histoire. C'est ainsi que vous pourrez construire d'un chapitre à l'autre.

La quatrième partie de votre chapitre est le pont. Mi-conclusion, mi-ouverture, je vous invite à revenir sur vos points de vue émotionnels et à retracer ce qui s'est passé au sein du chapitre, au sein de votre thème, les faits et les émotions. Revenez sur les moments forts et sur ce que vous avez appris.

Vient ensuite la dernière partie, l'encouragement de votre audience. Le terme en Anglais est empowerment, il n'y a pas de traduction équivalente en français. Remettez leur les clés de votre savoir et de votre pouvoir, encouragez-les à sortir et à mettre leur nouveau savoir et pouvoir pour changer le monde! Rappelez-vous, l'écriture est un dialogue, alors n'oubliez pas de regarder votre auditoire dans les yeux et de vous adresser à lui.

> "Si je l'ai fait, vous êtes en meilleure posture pour le faire vous aussi!"
> Dr. Bak Nguyen

Les encouragements que vous donnez à votre public sont ce qui le gardera loyal et près de vous. Parfois, vous serez tenté de simplement sauter cette partie. Ça je déconseille fortement!

J'aime donner le sentiment qu'après un chapitre, vous ressentez déjà la satisfaction de l'accomplissement, vous avez déjà appris quelque chose. C'est votre acquis. Avec l'expérience, vous serez en mesure d'établir les ponts et d'encourager votre audience avec subtilité. Ne laissez jamais votre public derrière.

Pour résumer, la structure d'un chapitre ressemblera à ceci :

FAITS/PROMESSE - PARTAGE D'ÉMOTIONS - MONTÉE ÉMOTIONNELLE - PONT - OUVERTURE & CONFIANCE

Avant de vous laisser partir, je vais vous partgaer un autre secret.

> "Les bonnes choses viennent en petite quantité."

C'est comme ça que je commence à écrire. Je préfère toujours avoir une petite histoire, un chapitre autonome pour faire avancer mon récit. De chapitre en chapitre, vous accumulez les histoires, un thème à la fois.

Si vous parcourez mes livres, plus j'écris, plus j'ai commencé à contourner les règles, même la règle du un chapitre, un thème. Mais pour votre premier livre, croyez-moi, il vous sera beaucoup plus facile et plus rapide de suivre le modèle, du moins au début.

Un modèle est un moyen pour vous de vous concentrer sur ce qui est vraiment unique et original. Moins vous aurez de choix à faire, meilleures seront vos chances de succès, puisque vous n'aurez qu'à décider de ce qui vous démarquera!

Au fur et à mesure que vous maîtriserez l'art d'écrire et ses structures, il vous sera plus facile de jouer avec les modèles et de contourner les règles. Même ainsi, j'ai remarqué que nous ne jetons jamais totalement le modèle, nous ne faisons que réagir et y ajouter nos nuances.

Pour conclure ce chapitre, je veux vous rappeler d'écrire. La seule façon d'avoir son livre est de commencé à écrire vos premiers mots, vos premiers paragraphes. Beaucoup plus rapidement que vous ne le pensez, vos mots deviendront des phrases et vos phrases, des chapitres! Écrivez, pour partager des éléments et des émotions que vous avez oubliés. Écrivez pour vous impressionner vous-même.

> "Écrivez honnêtement et partagez avec audace."
> Dr. Bak Nguyen

COMMENT ÉCRIRE UN LIVRE EN 30 JOURS commence par le chapitre un, puis, le chapitre deux, et six et dix. Un chapitre à la fois, un thème à la fois. Vous êtes en plein rêve et, par vos mots, vous nous faîtes rêver avec vous!

Maintenant, courez écrire votre premier chapitre. Amusez-vous, profitez de la balade, profitez du partage!

Ceci est **COMMENT ÉCRIRE UN LIVRE EN 30 JOURS,** présenté par **MILLION DOLLAR MINDSET**. Bienvenu(e)s aux ALPHAS.

Le pouvoir de l'écriture
est de vous libérer de votre passé.
Dr. BAK NGUYEN

CHAPITRE 5
"RÉVISION"
Par Dr. BAK NGUYEN

"Les artistes n'effacent pas, ils dessinent par dessus."
Dr. Bak Nguyen

Je suis au chapitre 5 !!! Vais-je atteindre ce **MUR D'INSPIRATION**? J'espère que non, puisque j'ai un plan. Jusqu'à présent, nous avons couvert :

- **Comment et pourquoi commencer**
- **Par quoi commencer (couverture et titre)**
- **INTRODUCTION**
- **TABLE DES MATIÈRES (THÈMES)**
- **La structure de votre livre**
- **Comment écrire un chapitre**

> "Un chapitre, un thème."
> Dr. Bak Nguyen

Ce livre explique **COMMENT ÉCRIRE UN LIVRE EN 30 JOURS**. Avec cela, nous avons couvert du **JOUR 1** au **JOUR 4** (après le premier chapitre). Établissons le plan suivant :

JOUR 1 : COUVERTURE
JOUR 2 : INTRODUCTION
JOUR 3 : STRUCTURE
JOUR 4 : CHAPITRE 1
JOUR 5 : CHAPITRE 2
JOUR 6 : CHAPITRE 3
JOUR 7 : CHAPITRE 4

Le fameux chapitre 4! Cela fait maintenant une semaine que vous avez commencé votre aventure en écriture. Vous êtes à mi-chemin de votre premier livre. Permettez-vous une pause et respirez profondément, et avec fierté!

Si vous aviez choisi le **MODÈLE A**, vous avez terminé 50% de votre livre, en une semaine !!! En termes de mots, vous devriez être entre 7500 et 12 500 mots. C'est très respectable!

Mon premier livre, **SYMPHONY OF SKILLS** comptait 25 500 mots et 24 chapitres (y compris l'avant-propos, l'introduction et la conclusion). Mon premier livre publié, **CHANGING THE WORLD FROM A DENTAL CHAIR** comptait 15 000 mots. Jusqu'à présent, mon livre le plus volumineux comptait 42 000 mots. À 15 000 mots, il a été très bien accueilli par le milieu des affaires. Ce n'est pas une règle d'or, juste une référence pour suivre votre progrès.

Jusqu'à présent, vous choisissiez un thème par jour et vous le développiez. Il est maintenant temps pour vous de regarder le livre dans son ensemble. Votre **INTRODUCTION** était une invitation à vous suivre et votre promesse à votre audience.

De quoi parlait ton chapitre 1? Qu'est-ce que les gens ont appris du chapitre 1 au chapitre 2? Entre les chapitres, nous devrions trouver un crescendo dans votre récit ainsi que dans l'évolution de votre héros (vous-même).

Au chapitre 4, votre héros et par extension, votre public n'est plus le même. Maintenant que vous comprenez l'idée d'un **crescendo**, revoyez vos chapitres et voyez s'ils sont liés les uns aux autres. On doit y trouver une cohérence et une évolution! Il est juste normal que la plupart du temps, la progression ne soit pas claire entre les chapitres et que la ligne s'embrouille. Pas de problème, généralement cela sera pris en charge dans le **JOUR 8**.

JOUR 8 : RELECTURE

Gardez à l'esprit que le premier brouillon était le point de vue du **HÉRO** (émotionnel) et que le deuxième passage (ré-écriture) était le point de vue du **NARRATEUR** plus neutre, la révision du **JOUR 8** se fait du point de vue du **NARRATEUR**.

La lecture de la couverture jusqu'au chapitre 4 dans la même journée vous donnera une idée de la progression de votre récit. Vous pouvez modifier tout ce qui devait être corrigé, mais voici une règle générale: la relecture du **JOUR 8** consiste principalement à aborder et ajuster la quatrième partie de vos chapitres, la **CLÔTURE**.

La **CLÔTURE** est cette partie du chapitre avant l'**EMPOWERMENT**, où vous partagez vos émotions. Habituellement, si vous clarifiez ces émotions et transposez les émotions de la **CLÔTURE** au chapitre suivant, vous créez votre pont.

Encore une fois, dans le chapitre suivant, si vous revisitez la partie **ÉMOTIONS** (partie 2) de votre chapitre, il devient assez simple d'ajuster vos mots sans changer aucun fait dans votre scénario. Bien sûr, de temps en temps, vous réécrivez une portion de votre chapitre, apportant même quelques nuances au thème et aux anecdotes, mais c'est plus l'exception que la règle.

Les **ÉMOTIONS** et la **CLÔTURE** sont les parties concernées dans la **PHASE DE RELECTURE DU JOUR 8**.

Je vous conseille vivement de passer une journée à relire et à corriger. Ne le faites pas par segments car vous perdrez l'idée de continuité et votre cohérence en sera éprouvé. Je vous recommande également de faire la **RELECTURE** au **JOUR 8**, ni avant ni après.

Le **JOUR 8** sera votre journée d'écriture la plus difficile à ce jour !

"Les artistes n'effacent pas, ils dessinent par dessus."
Dr. Bak Nguyen

C'est la définition de la **RÉVISION** et le but de la **RELECTURE**. Vous n'effacez pas et ne recommencez pas, vous modifiez simplement et ajoutez les détails et nuances manquantes pour gardez la cohésion de votre récit.

JOUR 9 :

Vous avez eu une session assez chargée et épuisante la veille. Vous avez 50% de votre livre terminé! Réjouissez-vous et célébrez! Célébrez non pas avec une **pause**, mais par un **Momentum**! Il est temps d'augmenter votre rythme d'écriture.

> "Célébrez non pas avec une pause mais avec un toast de Momentum!"
> Dr. Bak Nguyen

Ce que je veux que vous fassiez ici, c'est de revenir à votre thème et de commencer à les organiser en catégories. Les catégories sont les **5 MOTS** qui vous décrivent.

En parcourant les 4 premiers chapitres que vous avez écrits jusqu'à présent, classez-les dans vos catégories. Sur ces 8 ou 9 chapitres au total, planifiez à l'avance quelle catégorie a été laissée de côté jusqu'à présent et quelle catégorie a été trop exploitée.

Pour que votre récit continue et pour vous assurer de la montée en crescendo de chapitre en chapitre, assurez-vous que les 5 catégories ont leur place dans le livre. Les derniers chapitres sont les plus importants, donc tout ce que vous mettez dans les chapitres 6 et 7 sont les traits qui vous définissent le plus!

En d'autres termes, vous êtes passé des **CATÉGORIES 1 à 5**, 5 étant l'état suprême de votre évolution. Si vous aviez choisi 8 chapitres, le cœur de votre livre et l'apogée de la tension se situent dans les chapitres 5 ou 6. Si vous choisissez 15-18 chapitres, le cœur doit se situer autour des chapitres 10 à 12.

Pourquoi donc? Parce qu'un livre est un médium à vitesse lente. Les gens lisent mot après mot, page après page. Vous voulez les garder motivés et leur donner les moyens de faire quelque chose. Oui, ils continueront à lire votre livre, mais le dernier tiers du livre est principalement cette célèbre phrase de Steve Jobs disant : "... à propos, une petite dernière chose..."

Ceci devraient être la structure de vos chapitres. Vous avez plongé les gens dans votre monde et votre imagination des chapitres 1 à 4.

Ensuite, vous arrêtez d'écrire pour relire les 4 premiers chapitres. Au **JOUR 9**, vous réorganisez vos thèmes. Avec une vue d'ensemble, vous replongez, mais différemment cette fois. Avec plus de confiance et avec l'idée de la cohérence et du **crescendo** en tête, pas seulement les émotions au quotidien.

Après l'apogée au chapitre 6 (11 ou 12 dans le MODÈLE B), vous voulez avoir des chapitres plus légers. Tout comme un « **ENCORE** » après le concert, vous voulez en donnez plus aux gens pour leur argent. En réalité, l'aventure continue, mais le ressentiment sera différent. Si nous faisons la **CARTOGRAPHIE ÉMOTIONNELLE** du livre depuis le début, voici à quoi il devrait ressembler:

BIENVENUE - INTRIGUE - PIÉGÉE - ESPOIR - DÉSESPOIR (chapitre 4)

Puis, après la RELECTURE :

DÉCOUVERTE - DÉTERMINATION - PASSION - RÉUSSITE - RÉALISATION

Il s'agit d'une évolution générale des "sentiments" tout au long du livre. Bien sûr, veuillez ne pas les confondre avec la progression à l'intérieur de chaque chapitre. Le genre de livres que nous écrivons est un voyage, mais surtout un moyen de partager nos connaissances et notre sagesse. Garder les gens enthousiastes d'un chapitre à l'autre est une façon de leur souhaiter bonne nuit et de les saluer le lendemain matin.

La **CARTOGRAPHIE ÉMOTIONNELLE**, je l'ai empruntée à Hollywood et la façon classique dont les légendes sont contées. Si vous vous demandiez comment se fait-il que vous sentiez une familiarité et une proximité dans mes livres, c'est grâce à la **CARTOGRAPHIE ÉMOTIONNELLE** intégrée dans chacun des livres, dans chacun des chapitres.

Tout comme Hollywood, c'est ma recette. Cela m'a permis d'écrire 41 livres et demi en 21 mois (et pourtant, je ne fais que commencer mon 21e mois). Utilisez-le à bon escient et concentrez-vous sur le caractère unique de votre histoire et vous aurez un livre en un mois.

La **CARTOGRAPHIE ÉMOTIONNELLE** est le **JOUR 9**. Je vous encourage à écrire votre prochain chapitre tout de suite, juste pour être sûr de garder votre Momentum et de ne pas rester coincé trop longtemps dans l'ambiance des réflexions et des corrections.

> "Aucun momentum ne naîtra de l'attente."
> Dr. Bak Nguyen

Avec ce deuxième départ à partir du jour 9, vous écrirez du JOUR 9 au JOUR 12 et cela devrait être facile après avoir pris une pause et une vue d'ensemble. Le JOUR 13 devrait être votre **RELECTURE** des 4 derniers chapitres.

Si vous choisissez d'avoir 8 chapitres au total, le JOUR 14 est votre conclusion. Et vous en avez fini avec votre premier livre! Ou ce que les gens appelleront la première ébauche de votre livre! Entre vous et moi, félicitations, tout le monde n'a pas réalisé ce que vous avez réalisé jusqu'à présent.

Je n'ai pas les chiffres exacts, mais je suis sûr que vous faites maintenant partie du TOP 5% de la population mondiale puisque la plupart d'entre eux ne lisent même pas régulièrement, encore moins d'écrire un livre.

Certains ne lisent même pas du tout, et je ne parle pas de ceux qui n'ont pas eu la chance d'apprendre à lire. Bienvenue dans le TOP 5% de notre course ! Est-ce de l'autonomisation ? Tu paries! C'est la vérité, et vous devriez être fier de vous !

> "Tu ne peux me voler les choses que Dieu m'a données."
> Michael Kiwanuka

Je n'aurais pu mieux l'articuler. J'emprunte ici les paroles du chanteur et compositeur Micheal Kiwanuka dans sa chanson LOVE AND HATE pour souligner votre accomplissement.

Vous avez votre livre, vous avez partagé votre voyage et demain sera un nouveau jour, avec un tout nouveau monde qui vous ouvrira ses portes. Mais pour l'instant, allez célébrer votre victoire. Soyez fier et laissez votre livre derrière vous.

Allez vous amuser et faire la fête, vous le méritez! Vous avez réussi à maîtriser **COMMENT ÉCRIRE UN LIVRE EN 30 JOURS**. Mais un instant, nous n'en sommes qu'à 14, peut-être 15 jours tout au plus! Avez-vous été encore plus rapides que nos plans?

Ceci est **COMMENT ÉCRIRE UN LIVRE EN 30 JOURS,** présenté par **MILLION DOLLAR MINDSET**. Bienvenu(e)s aux ALPHAS.

Le pouvoir de l'écriture
est de vous libérer de votre passé.
Dr. BAK NGUYEN

CHAPITRE 6
"CRÉER PROFONDEUR ET DIMENSION"
Par Dr. BAK NGUYEN

Vous êtes diplômé... ou presque! Comment vous sentez-vous? Vous devriez être fier de vous! Je le suis! Je vous ai promis de livrer mes secrets, et pour résultats, vous êtes maintenant en mesure d'écrire un livre en mois de 30 jours!

Mais si je peux avoir votre attention encore un moment, voici quelques bons conseils qui vous aideront à donner de la profondeur à votre récit et à en améliorer l'expérience dans son ensemble.

LE GHOST STORY

Vous avez terminé votre livre. Si vous avez gardé le rythme, cela ne fait que 14-15 jours depuis le début. Prenons les deux dernières semaines pour faire passer votre opus au niveau supérieur, d'accord?

La première chose que vous pourriez ajouter à votre histoire est une histoire de fantômes. Il s'agit d'une technique bien connue de l'industrie du cinéma pour créer une trame de fond rapidement et donner un passé à un personnage.

Le **GHOST STORY** est un paquet d'informations qui se sont produites dans le passé et que vous n'apportez qu'en un éclair pour intriguer votre public. Disons par exemple que votre héros (vous-même) a peur des lieux publics. Quelque part dans le deuxième ou le troisième chapitre, vous racontez l'histoire de ce qui s'est passé lorsque vous aviez 10 ans et que vous vous êtes perdu dans la foule.

L'idée du **GHOST STORY** est de ne livrer qu'une portion de cette anecdote à la fois. Alors disons que vous étiez avec vos parents et que vous vous êtes perdu. De toute évidence, ils vous ont trouvé après un certain temps. Ce qui s'est passé entre les deux est le cœur de votre **GHOST STORY**.

Utilisez le **GHOST STORY** pour expliquer pourquoi vous avez une émotion spécifique. La montée à partir de ce point est l'attitude que vous avez développée depuis pour surmonter ce handicap.

> *"Faîtes un levier de vos faiblesses."*
> Dr. Bak Nguyen

Pour implanter votre GHOST STORY dans votre récit, voici ce que je vous conseille:

Dans le premier chapitre, mentionnez clairement votre peur des lieux publics et combien il vous est impossible de monter sur scène et de vous adresser à la foule (exemple simple).

Au chapitre 3, j'aime sauter un chapitre ou deux puisque la GHOST STORY est une trame de fond, pas la principale, je vais révéler que quand vous étiez petit, vous pensiez avoir été kidnappé. Oui, vous pouvez repousser les limites puisqu'il s'agit de vos émotions, pas des faits.

> *"Les émotions colorent tous les faits de nos vies."*
> Dr. Bak Nguyen

Habituellement, dans la vie de tous les jours, les gens vous diront de laisser vos émotions à la maison et d'y aller la tête froide. En écrivant des livres, je suggérerais exactement le contraire, embrasser vos émotions et peignez-les avec des mots audacieux afin que votre audience ressente vos emotions, afin qu'elle puisque marcher dans vos souliers. Donnez-leur assez de détails pour qu'ils vivent les événements eux-mêmes.

En utilisant le mot kidnapper, vous avez attiré l'attention de votre auditoire. De façon très mondaine, revenez à votre scénario habituel, en laissant cette dernière information en suspend. cela va surprendre et même irriter votre audience. Laissez-les sur leur faim!

Encore une fois, je pourrais sauter un chapitre ou deux avant d'y revenir pour finalement raconter toute l'histoire. Je profiterai également de l'occasion pour expliquer comment je suis devenu bon dans quelque chose (compétence ou attitude) qui s'est avéré utile face à cet énorme défi.

Un peu à la manière d'un Y asymétrique, le GHOST STORY préparera votre public à l'élaboration de votre parcours principal. C'est une technique, rien de plus.

Ayant écrit 42 livres, je peux vous dire que cette technique est très puissante. Je ne l'utilise pas toujours, mais il y a toujours un parfum de son influence dans chacun de mes livres.

Mettre en œuvre un **GHOST STORY** après votre premier brouillon complet est plus que facile. Allez à ce chapitre où vous étiez bloqué et en panne d'inspiration. Je ne peux penser à un meilleur moment pour introduire le début de votre **GHOST STORY**. Vous êtes bloqué et votre audience le sent. Pourquoi êtes-vous bloqué? C'est votre excuse parfaite pour dévoiler ce qui s'est passé dans votre passé pour vous handicaper ainsi.

Ensuite, asseyez-vous et pensez à quel événement de votre passé vous a aidé à développer cette attitude ou cette compétence miraculeuse qui vous a sauvé. Notez cette petite anecdote et coupez-la en trois morceaux.

Maintenant, revenez simplement aux chapitres précédents pour y insérer les morceaux de votre **GHOST STORY**. Ces insertions change la donne et le rythme de votre récit. Avec un peu de pratique, vous deviendrez meilleur. En ce qui me concerne, c'est mon truc par excellence à chaque fois que je frappe un **MUR D'INSPIRATION**.

Comme vous pouvez le voir, nous avons commencé l'histoire avec 4 chapitres pour cartographier et identifier l'univers dans lequel le récit se déroule. Par la suite, nous nous sommes arrêtés et à la **RELECTURE**, nous avons réajusté le récit pour garder la cohérence d'un chapitre à l'autre. Si le brouillon était basé sur les événements et les émotions, l'écriture à la relecture permet de rectifier l'histoire en une ligne narrative avec un crescendo.

Comme vous pouvez le voir, nous avons commencé l'histoire avec 4 chapitres pour cartographier et identifier l'univers dans lequel le récit se déroule. Par la suite, nous nous sommes arrêtés et à la **RELECTURE**, nous avons réajusté le récit pour garder la cohérence d'un chapitre à l'autre. Si le brouillon était basé sur les événements et les émotions, l'écriture à la relecture permet de rectifier l'histoire en une ligne narrative avec un crescendo.

Vous avez terminé le livre dans une ligne plus directe puisque maintenant tous vos sujets s'aligneront vers une conclusion, résolvant le problème. En ajoutant le **GHOST STORY**, vous ajoutez simplement une 3ème profondeur à votre structure. Cette couche aidera votre public à garder son intérêt. Si c'est bien fait, vous avez ouvert une boucle dans leur esprit qui ne cessera de chercher une réponse... Jusqu'à ce que vous fermiez la boucle, votre audience est captive.

Ce sera bien accueilli si et seulement si, la fermeture de la boucle a servi à faire avancer votre récit principal. Habituellement, il faudra un jour ou deux pour développer un **GHOST STORY** qui se fondra dans votre histoire de façon harmonieuse. Vous êtes maintenant au JOUR 16-17.

CITATIONS

Une autre technique que vous pouvez utiliser pour créer de la profondeur est l'utilisation de **CITATIONS**. Cette technique n'est pas pour tout le monde. L'utilisation des **CITATIONS** est ma technique préférée. Il permet d'imposer un certain rythme au texte et de l'espace pour respirer. Généralement, les amateurs de livres n'aiment pas beaucoup les interruptions, mais ils adorent que vous avez pris le soins de souligner ce qui est important.

D'autre part, le grand public adore le soulignement de l'idée importante. Pour eux, cela donne un point de référence entre les mots.

Les citations sont les meilleurs moyens de s'adresser au public en tant que la voix du **NARRATEUR**. C'est comme s'il y avait une morale au texte ou de souligner ce qu'il est important de retenir. Lorsque vous utilisez des guillemets, vous êtes également obligé de choisir vos mots avec beaucoup de soin et de peser chacun d'entre eux. Cet exercice à lui seul donnera une autre dimension à l'expérience.

Habituellement, quand j'écris, j'écris mes **CITATIONS** pendant que je compose le reste du texte. Ce n'est peut-être pas aussi naturel pour tout le monde. Mon meilleur conseil sera de continuer à écrire et de laisser un blanc à remplir pour plus tard lorsque vous serez en **RELECTURE**. Si vous n'êtes pas à l'aise avec l'écriture de vos propres **CITATIONS**, vous pouvez également citer quelqu'un d'autre. Assurez-vous simplement de leur donner du crédit dû.

> "Audacieux et honnête."
> Dr. Bak Nguyen

Cela vous a surpris lorsque nous avons commencé. Maintenant, vous vous faites lentement à l'idée. **UNE CITATION** est ôsée, posée et n'offre pas beaucoup de marge pour des nuances. Exprimez votre pensée avec confiance et restez honnête. Une citation est une affirmation gravée dans la pierre.

Si vous cherchez à écrire vos propres CITATIONS, voici mon conseil: chaque fois que vous faites une affirmation, arrêtez-vous un instant et voyez si cette affirmation peut avoir un sens hors contexte. Si c'est le cas, lisez-le à haute voix et peaufinez vos mots jusqu'à ce que cela résonne comme une sagesse du passé.

> "Une citation est une vérité d'une autre vie, d'un héritage passé."
> Dr. Bak Nguyen

Je le sais, cela ne vous a pas aidé autant que vous l'auriez souhaité. À ce stade, c'est le mieux que je puisse vous offrir. La pratique vous facilitera la tâche et plus vous pratiquerez, plus cela viendra naturellement. Croyez-le ou pas, mes citations ne sont pas longuement réfléchies, elles me frappent alors que j'écris.

Je n'hésite pas non plus à ramener des **CITATIONS** d'un autre livre, généralement l'une des miennes à la table. Si cela a du sens et ajoute à la profondeur au récit, c'est un automatisme.

En empruntant à des livres antérieurs, les **CITATIONS** servent aussi un peu comme des **GHOST STORIES**. L'objectif principal de l'ensemble de l'exercice est de créer de la profondeur dans le récit, en utilisant le moins de mots possible. Oui, même si j'ai écrit 42 livres et dépassé depuis longtemps la barre des 500 000 mots, je cherche toujours le moyen le plus court de dire quelque chose.

> "Moins il y a de mots, mieux c'est."
> Dr. Bak Nguyen

Cette dernière **CITATION** aurait pu être incluse dans le texte comme une phrase normale. J'ai juste décidé de prouver mon point et de vous faire sentir la pause que vous avez prise pour le lire.

À la **CITATION**, vous avez fait une pause et regardé ailleurs avant de ramener vos yeux sur le texte. Cette seconde que vous avez prise vous a juste permis de pénétrer un peu plus dans l'essence du texte.

En d'autres termes, vous vivez et respirez maintenant le texte, vous ne le lisez plus. Comme je l'ai déjà dit, les **CITATION** ne sont pas pour tout le monde. Si vous ne vous sentez pas à l'aise, ne les utiliser pas. Si vous n'avez que des **CITATION** d'autres personnes, vous risquez de vous positionner comme un simple collecteur d'informations.

Être posé, audacieux et sympathique sont les tons que vous voulez adopter, au moins pour votre premier livre. Et comment fait-on pour établir un ton en écriture? Lorsque j'ai écrit mon premier livre, **SYMPHONY OF SKILLS**, j'ai demandé à un acteur d'enregistrer la lecture complète de mon livre. J'ai écouté le livre audio, et cela m'a permis de tester et de corriger de nombreux défauts de mes premières ébauches.

> "Les artistes n'effacent pas, ils dessinent par dessus."
> Dr. Bak Nguyen

Je l'ai dit plus tôt dans ce livre, je vis par mes mots. Quand je revisite mes textes, j'efface rarement quoi que ce soit. Au lieu de cela, j'ajoute plus de texte pour le justifier, le clarifier ou le mettre en contexte.

Je ne dis pas que je n'efface jamais, mais j'essaie de contourner mon idée principale et de l'amener au résultat souhaité. Ce faisant, j'ajoute une autre couche de **PROCESSUS DE PENSÉS** à l'ensemble du récit. Si vous voulez un filtre à 3 degrés pour créer plus de profondeur dans votre histoire, le voici:

FILTRE 1 - JOUR 16 et 17 : GHOST STORY
FILTRE 2 - JOUR 18 : CITATIONS
FILTRE 3 - JOUR 19 - 20 : Résistez tout simplement à la tentation d'effacer. Au lieu de cela, corrigez votre idée avec plus d'explications, partagez votre processus de pensée et votre logique.

Le dernier FILTRE est en fait celui où vous indiquez clairement que vous avez un dialogue avec votre audience. C'est la fin du chapitre 6. Vous avez une grande partie de ce dont vous avez besoin pour écrire votre roman. N'oubliez pas qu'il ne s'agit pas d'une recette, mais simplement d'un modèle, d'une référence pour commencer rapidement et pour être sur la bonne voie.

Suivez ces règles et, au fur et à mesure que vous les maîtrisez, trichez et voyez où cela vous mène. C'est mon conseil. Chers collègues, bienvenue dans le TOP 5%, maintenant vous êtes écrivains. Vous avez maintenant les connaissances **POUR ÉCRIRE UN LIVRE EN 30 JOURS**. Si mes calculs sont corrects, nous n'en sommes qu'au JOUR 20 ou 21. Qu'en est-il des 9 jours restants?

Ceci est **COMMENT ÉCRIRE UN LIVRE EN 30 JOURS,** présenté par **MILLION DOLLAR MINDSET**. Bienvenu(e)s aux ALPHAS.

> Le pouvoir de l'écriture
> est de vous libérer de votre passé.
> **Dr. BAK NGUYEN**

CHAPITRE 7
"UN MONDE DANS UN MONDE"
Par Dr. BAK NGUYEN

Que faîtes-vous encore ici à de lire? Vous n'avez pas de livre à écrire? Et que dire de ces 9 jours supplémentaires? Bien sûr, vous courez maintenant pour trouver un éditeur pour corriger et publier votre opus. Vous avez fait le gros du travail, toutes mes félicitations! Après avoir écrit un livre, le reste doit être un jeu d'enfant! Désolé, vous n'avez pas idée à quel point vous vous trompez!

> "L'écriture est la partie la plus facile du parcours!"
> Dr. Bak Nguyen

Il est difficile de croire que maintenant que vous avez terminé votre livre, vous allez faire face à un défi encore plus grand: vous faire publier. Une nouvelle réalité vous y attend. Vous allez rapidement découvrir un monde dans un monde.

L'édition et la publication sont des univers très particuliers. Jusqu'à récemment, la plupart des auteurs terminent leurs scripts et les envoient aux éditeurs du monde entier en espérant une réception positive. Soyez prêt pour les retards et les rejets, de nombreux rejets. C'est un classique.

Ensuite, Amazon et Apple Books se sont joints à cette industrie à la chasse hautement gardée et ils ont démoli les remparts. Amazon et Apple Books ont démocratisé le monde de l'édition et de la publication de livres. Ils vous offrent tous les deux une plateforme sur laquelle vous pouvez soumettre votre script, distribuer et même imprimer sur demande des copies papiers (Amazon) ou télécharger une version electronique (Amazon Kindle et Apple Books).

Vous allez aussi apprendre très vite que vous aurez besoin d'un éditeur pour la mise en page de votre livre selon les standards de l'industrie. C'est ce que j'ai fait pour mon 7e livre, j'ai embauché une équipe d'édition professionnelle. Je me disais que ce n'était pas mon expertise et que j'ai besoin d'aide professionnelle pour imprimer mon oeuvre.

Cela a pris deux semaines de va-et-viens tous plus inutiles les uns des autres entre les professionnels embauchés et mon équipe. Je dois vous dire que bien qu'aux standards de l'industrie, cela ne valait nullement l'argent ni le temps investi. C'est ainsi que j'ai appris.

J'ai payé la facture qui l'accompagnait et j'ai demandé à mon équipe de démystifier l'art de l'édition. Avec l'aide de mon adjointe, Brenda Garcia, cela nous a pris quelques semaines pour comprendre les différents secrets et standards de l'industrie de l'impression. Nous n'étions pas des experts, mais nous commencions à pouvoir faire la différence entre les amateurs et les vrais professionnels.

Ensuite, j'ai écrit 20 livres pour enfant avec mon fils, William Bak. Je suis retourné à la maison d'édition. Ils étaient très contents de me revoir. La note qu'ils ont proposé pour l'édition et l'impression de ses 20 livres n'avait rien d'un cadeau. C'était plus une grosse gifle au visage!

J'avais besoin que ces livres soient édités pour pouvoir les mettre sur Amazon et Apple Books, non seulement pour les avoir disponibles sur commande, mais pour pouvoir officialiser les records du monde, surtout ceux de William.

J'ai vite appris que j'étais toujours un client dans ce nouveau monde. Pour gagner de l'argent, il faut dépenser de l'argent! Mais combien? Et bien sûr, avoir écrit un nombre record de livres en 20 mois n'aide pas. L'éditeur peut vous offrir du champagne car il est ravi du business que vous lui apportez: vous êtes son chiffre d'affaire!

Il doit y avoir un meilleur moyen. Est-ce que je peux vous l'exposer? Puis-je vous aider à vous faciliter un peu la vie? Avec des essais et des erreurs, j'ai développé un modèle à partir duquel écrire, un modèle qu'Apple Books publient maintenant mes livres dans les heures qui suivent sa réception!

Il m'a fallu environ un mois pour comprendre et déchiffrer le bon format d'ePub (le format d'un livre électronique sur Apple). Avec ce format, il est également plus facile de le convertir au format KINDLE d'Amazon et d'avoir également le format pour impression sur papier. Chacun des formats a des spécificités à respecter, mais en commençant par le bon modèle, vous vous épargnez beaucoup de travail.

"Quand je sens, je crée. Quand je ne sais pas, j'observe."
Dr. Bak Nguyen

J'ai commencé à exporter vers ePub les fichiers PDF de mes livres et je les ai expérimentés depuis mon iPhone et mon iPad. Je suis retourné et j'ai modifié le format jusqu'à ce que j'aime l'expérience de lecture sur ces appareils.

La première chose que vous devez comprendre est la multitude d'appareils et leur différents formats d'écran. Les appareils électroniques offrent aussi la possibilité aux lecteurs d'augmenter ou de diminuer la taille de la police. En d'autres termes, cela signifie que votre mise en page conventionnelle pour format papier va directement à la poubelle!

À chaque fois que vous appuyez sur ENTER, vous créer une fin de ligne. Ces ENTERS perturbent le formatage dynamique des appareils numériques. En peu de mots, j'ai appris très douloureusement les différents formats d'édition et leur caprices.

Ceci peut paraître simple maintenant qu'on en parle, mais croyez-moi, chaque erreur a été très chèrement payée en temps, énergie et perte de motivation. Je le sais, apprendre à formatter n'a rien de passionnant, mais c'était encore une meilleure alternative que de perdre mon temps avec cette industrie d'éditeurs professionnels.

En ligne, il existe également de nombreuses sites internets qui vous permettent d'éditer vos livres sur leurs plateformes et de les soumettre, parfois à Amazon, parfois à Apple Books. J'en ai essayé plusieurs, pour découvrir qu'ils font essentiellement tous la même chose et que je fais le travail deux fois! Une fois pendant l'écriture et ensuite, pour l'édition.

"Mon succès vient souvent de ma paresse."
Dr. Bak Nguyen

Ce qui était qualifié de défaut et de fardeau pour la majeure partie de ma vie est maintenant devenu mon principal levier: ma paresse. Je refuse de faire le travail deux fois, ça n'a pas de sens! Je ne limiterai l'écriture de nouveau livres basée sur le budget d'édition que je peux me permettre. Encore une fois, cela n'a aucun sens pour moi!

Ne serait-il pas super que de pouvoir écrire nativement dans le bon format? Je suis le prétendant à plusieurs records du monde d'écriture de vitesse. Je le fais avec constance année après année. La vitesse est mon principal atout! Faire le travail 2 fois va à l'encontre de ce que je représente.

Les semaines suivantes, j'ai essayé d'écrire mon 35e livre, **SELFMADE**, en utilisant différents formats et styles. Après des jours de tests et d'ajustements, je suis finalement arrivé à un modèle qu'APPLE adore et distribue dans 51 pays dans les heures suivant sa soumission.

Voici les principales DIRECTIVES :

- **Formatez votre texte en 16 pt.**
- **Effacez tous vos ENTERS sauf ceux qui séparent les paragraphes les uns des autres.**
- **Formatez vos paragraphes de manière à ne pas dépasser 3 à 4 lignes par paragraphe. Sur une page normale, cela peut sembler bizarre puisque votre paragraphe peut ne contenir que 2 à 3 phrases. Comment aimez-vous la lecture de ce livre? C'est juste ça, 2 à 3 phrases par paragraphe.**
- **Assurez-vous d'identifier clairement vos titres et vos chapitres.**

Dans mon cas, dans mes livres, il y a souvent des images entre les chapitres. C'est un autre défi que de formater les images pour qu'elles s'affichent adéquatement sur les différents appareils.

J'apprécie maintenant pleinement le travail des éditeurs. C'était vraiment un métier à part entière. Mais maintenant, en utilisant ces **LIGNES DIRECTRICES**, vous pouvez écrire nativement à partir du bon format et vous épargner la peine et le temps d'éditer ou d'avoir à payer quelqu'un d'autre pour le faire.

Vraiment, je viens de vous donner tous mes secrets de publication ici. Pour ceux d'entre vous qui se gratte encore la tête, mes producteurs et mon équipe parlent activement de produire une Masterclass où je vous apprendrai à écrire. Je suis ouvert à l'idée. Je sais que le template sera disponible en téléchargement dans le cadre de la Masterclass (lorsqu'elle sera officialisée).

Je vous invite à me suivre sur les réseaux sociaux, chercher le Dr Bak Nguyen sur n'importe quelle plate-forme, y compris LinkedIn, Facebook Instagram et YouTube pour les mises à jour, les développements futurs et les événements en direct.

Vous pouvez également retrouver les informations officielles sur mon site :

www.DrBakNguyen.com

Cela étant dit, je ne peux pas vous promettre que la master classe arrivera de si tôt. Nous sommes encore en discussion. Avoir vos commentaires sur l'une de ces plateformes nous encouragera sûrement à savoir ce que vous recherchez.

Avec ceci, je vous ai livré tous mes secrets pour écrire un livre en un mois. Mais si vous me le permettez, voici un dernier conseil: si vous voulez être sûr de livrer à temps, j'ai un excellent moyen de vous aider à garder le rythme, à vous forcer à avancer, jour après jour.

Publiez sur les réseaux sociaux que vous écrivez un livre. Demandez à vos amis et à votre famille de vous poser des questions. Ensuite, à chaque jour quand vous terminez un chapitre, publiez une photo prouvant que vous avez terminé votre tâche du jour.

Jour après jour, continuez à poster, continuez à écrire. Vous verrez que le jour où vous sautez un message, ils vous écriront pour vous demander ce qui s'est passé!

L'embarras sera suffisant pour vous tenir à votre propre parole!

Toute l'histoire est dans **MOMENTUM TRANSFER**, mon 8e livre, écrit avec le coach Dino Masson. **MOMENTUM TRANSFER** est désormais disponible sur Amazon et Apple Books. Je vous invite à vous rendre dans ce livre si vous voulez connaître le secret du **MOMENTUM**.

Ceci est **COMMENT ÉCRIRE UN LIVRE EN 30 JOURS,** présenté par **MILLION DOLLAR MINDSET**. Bienvenu(e)s aux ALPHAS.

Le pouvoir de l'écriture
est de vous libérer de votre passé.
Dr. BAK NGUYEN

CONCLUSION
"UN SUPER POUVOIR EN VOUS"
Par Dr. BAK NGUYEN

Vous en savez plus que je n'en savais quand j'ai commencé à écrire il y a 21 mois et 41 livres plus tôt. Celui-ci est mon 42ème (dans sa version originale anglaise). Cela m'a pris quelques années plus tard pour finalement trouver le courage de revenir pour écrire sa traduction en Français qui est porte le numéro 102 dans mes livres.

Dans ces pages, j'ai partagé avec vous non seulement ce que j'ai appris et emprunté de mon expérience passée en tant que cinéaste, mais aussi l'expérience et les conseils que j'ai accumulé en chemin, en écrivant et publiant records du monde sur records du monde.

Ce qui a commencé comme un défi, un défi d'aller parler sur scène après Michelle Obama, un défi de dire OUI à pratiquement tout, m'a amené à découvrir un nouvel univers de possibilités. Encore une fois, permettez-moi de vous encourager à écrire votre premier livre le plus tôt possible. Ce sera votre façon de vous libérer de votre passé et de son poids.

Vous êtes un artiste, un homme d'affaires, un coach, un conférencier, une maman, un frère, un témoin, un étudiant, un rêveur, vous avez une histoire unique à partager. Avoir la chance de raconter votre histoire est un privilège accordé à chacun d'entre nous. Il vous faut simplement en être conscients et d'en saisir l'opportunité.

Avec l'explosion des réseaux sociaux et la démocratisation de l'ère de l'information, il n'a jamais été aussi facile de partager notre histoire. Apple, Amazon, Google, Facebook, Instagram, LinkedIn, et YouTube, ils sont vos alliés dans cet aventure.

Vous pouvez toujours soumettre votre manuscrit une fois terminé à l'industrie du livre et aux éditeurs conventionnels. La beauté d'aujourd'hui est que vous avez le choix. Vous devez d'abord commencer par un manuscrit complété.

Qu'est-ce que vous attendez? Combien de fois vous êtes-vous mordu la langue pour rester poli alors que vous aviez tant de choses à dire et à partager? Ceci est votre chance! Le plus beau dans cette histoire est que les gens veulent entendre ce que vous avez à dire. Peut-être pas ceux et celles que vous connaissez par leur prénom, mais beaucoup, beaucoup d'autres personnes attendent de découvrir qui vous êtes.

> "Ecrire, c'est avoir confiance en soi."
> Dr. Bak Nguyen

J'adore cette citation. Écrire, c'est se donner une chance, prendre du temps pour soi, dialoguer avec cette petite voix qui est en nous.

> "Ce n'est pas difficile, c'est comme envoyer des SMS!"
> Dr. Bak Nguyen

Non, ce n'était pas une blague. En écrivant mes 25 premiers livres, j'écrivais principalement depuis mon iPhone. C'était convivial et toujours à portée de main. La seule limite était l'autonomie de la batterie. Ne vous ai-je pas dit que j'ai réussi à écrire 42 livres en plus de mes deux occupations à part entière en tant que PDG et dentiste? Oui, je pratique toujours. J'ai réussi à le faire parce que j'étais engagé, mais aussi parce que j'avais le bon outil: mon téléphone intelligent!

Écrire depuis un téléphone intelligent est une expérience très particulière que nous connaissons tous. Ça n'a pas l'air sérieux, donc ça n'a pas l'air intimidant. Puisque nous sommes seuls, avec notre téléphone et nous-mêmes, il n'y a pas de raison d'hésiter ou de procrastination.

Un chapitre à la fois, je me fichais complètement du nombre de mots écris et des fautes d'orthographe. J'écrivais à la vitesse de mon inspiration, sans filtre et sans contrainte. J'avais une structure et un thème pour me soutenir. La première fois que j'ai recopié mes chapitres dans mon traitement de texte, je suis resté stupéfait devant les pages remplies et le nombre de mots écris au total! Ai-je vraiment écrit autant?

Chapitre après chapitre, le livre prend forme. Au début, j'étais tellement intimidée par le volume et l'ampleur de chaque livre, que j'essayais de rester à l'écart de mon ordinateur le plus longtemps possible, juste pour profiter du sentiment de liberté.

> *"Changer le monde avec deux pouces,*
> *c'est sûrement une première!"*
> Dr. Bak Nguyen

C'est vraiment ce qui est arrivé. L'écriture a aidé à guérir de mes blessures émotionnelles et a donné un sens à mes cicatrices. L'écriture m'a aidé à tout mettre en perspective et de me réorienter.

De cette nouvelle perspective, j'ai commencé à reconstruire un destin que j'avais presque oublié. C'était il y a un an. Aujourd'hui, je découvre mon destin à chaque nouveau mot que j'écris.

Maintenant que je suis libre et en confiance, je peux écrire soit depuis mon téléphone, soit depuis mon ordinateur portable, le rythme est le même, et le ressenti aussi. Il ne s'agit pas du nombre de doigts et de la vitesse de votre écriture, mais de votre état d'esprit et de votre confiance en vous.

Pour ceux et celles d'entre vous qui s'intéressent à l'histoire, la vraie histoire, pas seulement une avec la mention: **INSPIRÉ D'ÉVÉNEMENTS RÉELS**, j'ai partagé mon parcours d'écrivain dans ma série de livres: **THE POWER OF YES**. Ma légende a commencé quand j'ai dit OUI à une proposition folle!

"Les bonnes choses ont commencé par OUI."
Dr. Bak Nguyen

Si vous voulez vraiment le savoir, à partir du 35e livre, **SELFMADE**, j'écris principalement depuis mon ordinateur portable, car j'ai enfin trouvé le bon format et modèle pour écrire nativement dans le format qui conviendra aussi bien à la version numérique qu'à la version imprimée.

En d'autres termes, j'écris à partir du modèle que j'ai personnalisé pour sauter la partie publication et réédition. Pas à 100%, mais à 90%.

Au chapitre 7, j'ai partagé avec vous les détails afin que vous puissiez créer votre propre modèle. Pour ceux d'entre vous qui participeront à mes séminaires et cours en ligne, je mettrai ces modèles à votre disposition pour téléchargement.

Il y a également des discussions à ce stade pour que je regroupe mes modèles et le contenu de ce livre dans une application qui aidera chacun d'entre vous à commencer votre grande aventure. Il est encore trop tôt pour moi de annoncer quelque chose de plus sérieux, mais vous savez que j'y pense.

L'essentiel pour moi maintenant est de continuer à écrire et à partager. Tant que l'inspiration y sera et que vous serez au rendez-vous, mes livres continueront d'arriver, titre après titre.

Je mentirais si je disais que ce n'est pas une question de chiffres. Avoir écrit 42 livres en 21 mois (et il me reste encore 3 semaines avant la fin de ce mois) m'a mis dans une catégorie à part. Non, ce n'est pas pour me vanter, mais pour comprendre les **DONS QUE DIEU M'A DONNÉS** et en tirer le meilleur parti.

Alors oui, je commence un nouveau livre, littéralement des heures après la fin du dernier. Parfois, j'ai deux projets ouverts en même temps, et je rivalise avec moi-même pour savoir lequel je finirai en premier!

Maintenir mes chiffres et les records mondiaux est une grande motivation. Pourtant, j'ai encore besoin d'inspiration pour écrire! C'est la partie non assurée de mon aventure. Je ne sais jamais d'où viendra le prochain éclair de génie. Mais je suis toujours prêt et à l'écoute.

> "Je ne sais pas quand je vais me heurter à un mur, mais d'ici là, je m'amuse beaucoup à écrire, découvrir et partager avec vous."
> Dr. Bak Nguyen

Pour casser la routine, j'invite parfois des amis et des mentors à me joindre dans cette quête d'épanouissement personnel. C'est ainsi que j'en suis venu à écrire avec de nombreux co-auteurs. La plupart d'entre eux n'avaient aucune expérience en écriture, ils se sont joints à moi parce que je les ai inspirés et motivés!

S'ils peuvent le faire, vous aussi ! Mon 39e livre, **CHAMPION MINDSET**, a Christophe Mulumba, joueur vedette de la LCF, comme co-auteur. Jamais Christophe n'aurait pensé qu'il pourrait écrire un livre. Encore moins en moins d'un mois. L'histoire dira que nous l'avons fait! **CHAMPION MINDSET** devrait arriver sur APPLE BOOKS au cours de ce mois.

Du fond du cœur, je vous souhaite de trouver le temps de vous donner une voix et d'entrer en relation avec votre vous intérieur. L'écriture vous libérera, l'écriture vous guérira et l'écriture vous montrera ce qui s'en vient ensuite.

> "Finalement, l'écriture vous montrera ce qui s'en vient, puisque vous avez écrit à son sujet."
> Dr. Bak Nguyen

Appelez ça une auto-prophétie, appelez ça le destin, appelez ça la confiance! Je vous ai dit que l'écriture relève de votre état d'esprit. Vraiment, ce livre ne visait pas à écrire un livre, mais de vous libérer pour avoir un moyen de trouver la paix intérieure et l'harmonie, de vous, avec vous et pour vous.

Votre état d'esprit est ce qui définira votre présent, votre avenir et aussi la façon dont vous choisirez de vous souvenir de votre passé. Puissiez-vous trouver votre chemin et gagner du temps en écrivant. Vous en valez l'effort.

Ceci est **COMMENT ÉCRIRE UN LIVRE EN 30 JOURS,** présenté par **MILLION DOLLAR MINDSET**. Bienvenu(e)s aux ALPHAS.

Le pouvoir de l'écriture
est de vous libérer de votre passé.
Dr. BAK NGUYEN

ÉPILOGUE
"À PROPOS, UNE DERNIÈRE PETITE CHOSE…"
Par Dr. BAK NGUYEN

Vous êtes toujours là? Souhaitez-vous voir comment ce modèle d'écriture fonctionne réellement, derrière les coulisses? Oui, je sais, j'ai du mal à me défaire du monde du cinéma. Appliquons ce que nous avons appris à ce livre lui-même, **COMMENT ÉCRIRE UN LIVRE EN 30 JOURS**.

JOUR 1
Samedi dernier, je suis allé à INDIGO et j'ai fait ma couverture et mon titre. Le sujet était clair et le public, bien défini. J'ai utilisé mon iPhone X et une application nommée WordSwag pour concevoir ma page couverture.

JOUR 2
J'ai élaboré mes thèmes et la table des matières. J'étais un peu paresseux ici, donc mes 5 mots étaient : POURQUOI, QUOI, QUAND, OÙ et COMMENT. Je savais qu'il y aurait

beaucoup de COMMENTs. Tout le temps que j'ai écrit, j'ai gardé à l'esprit qu'il ne s'agissait pas de moi, mais de vous. Je n'ai donc pas eu besoin de me définir, mais j'ai écrit plus sur ce que vous voudrez lire, vous le public, le lecteur.

JOUR 3

J'ai rédigé mon INTRODUCTION, puis mes obligations quotidiennes ont pris le dessus, en tant que PDG. Depuis mon premier livre, mes introductions sont les chapitres de mon journal de board, de ce qui s'est passé entres les livres. C'est ma façon de garder une continuité et une trame de fond d'un titre à l'autre, sauf dans le livre pour enfants.

Ayant adopté ce style, j'ai eu mon introduction en moins d'une heure. Je vous ai dit qu'écrire n'était pas forcément difficile. Cela peut être très naturel si vous demeurez authentique et honnête.

> "Restez authentique et honnête.
> Alors, vous pouvez être audacieux!"
> Dr. Bak Nguyen

JOUR 4

J'avais des gardes cliniques en tant que dentiste et je suis arrivé au bureau à 9h30. J'ai quitté le bureau vers 19h30. Je n'avais prévu d'écrire, mais entre mes patients et le dîner, j'ai réussi à écrire les chapitres 1, 2 et 3. J'étais tellement engagé à l'idée de ma nouvelle franchise de livres **MILLION DOLLAR MINDSET** que les titres et les chapitres se son accumulés très rapidement.

J'avais toujours des gardes cliniques, mais j'ai gardé la même motivation, et j'ai écrit les chapitres 4 et 5. J'écrivais à un rythme encore plus rapide que mon habitude.

Je savais que ce livre contiendrait 8 chapitres. Je voulais mettre l'idée de "**GRADUATION**" dans la première moitié du livre pour vous garder intéressés. Plus jeune, en tant qu'étudiant, je détestais regarder l'horloge et de compter les minutes avant la cloche. Je voulais vous sauver du même sentiment.

L'EMPOWERMENT est aussi quelque chose que j'ai planifié progressivement. Même si je vous ai donné une grande partie des informations nécessaires au chapitre 3, j'ai pris deux chapitres pour vous préparer émotionnellement à ce qui allait suivre.

Ensuite, j'ai pris encore deux chapitres avant de vous dire que vous faites désormais partie du TOP 5%. Est-ce 5 %, 7 % ou 3 % ? Je ne suis pas sûr mais est-ce réellement important? Vous avez compris que vous faîtes maintenant partie d'une classe à part! C'est ainsi que j'ai gardé votre intérêt même après la **GRADUATION**.

"L'écriture est une question de rythme et de timing."
Dr. Bak Nguyen

Quand ai-je décidé de vous appeler le TOP 5 %? À la fin du chapitre 5. Je savais juste que je devais vous donner plus que des connaissances, avec **EMPOWERMENT** comme thème que j'avais écrit pour ce chapitre.

Comme vous pouvez le voir, il ne s'agit pas seulement d'écrire sur **l'EMPOWERMENT**, le thème est surtout une ligne directrice pour vous aider à atteindre un résultat: un ressenti ! Je n'ai pas écrit sur **l'EMPOWERMENT**, je vous ai responsabilisés! Vous avez compris le reste par vous-même.

"Écrire, c'est de ressentir bien plus que penser."
Dr. Bak Nguyen

Revenons un peu en arrière. Le chapitre 3 était en quelque sorte un double chapitre. En fait, le chapitre 3 est le cœur de ce livre. Je me souviens d'y avoir pensé au cours de ma **RELECTURE** et de m'être demandé si je couperais le chapitre en deux, donnant à la **STRUCTURE** son propre chapitre. J'hésitais jusqu'à ce que j'écrive sur le noyau du livre et compris comment faire avancer le livre dans les deux chapitres suivants.

> "J'ai continué à écrire à un rythme très effréné, mais mon état d'esprit était calme et fluide."
> Dr. Bak Nguyen

Ce faisant, j'ai dû tout structurer dans mon esprit, et au moment où j'écrivais le brouillon, mes émotions étaient bien définies. Puis, au fur et à mesure que j'y allais pour la relecture et pour vérifier mon orthographe, j'ai rajouté ici et là des touches, pour renforcer la cohérence et le crescendo. Jusque-là, je n'avais jamais vraiment remarqué que je faisais une réécriture, dans mon esprit, ce n'étaient que des corrections et précisions.

L'écriture de ce livre m'a permis de clarifier mon processus de pensée, un qui s'opère inconsciemment. L'écriture m'a obligé à mettre une étiquette sur mes pensées et à les définir clairement.

Les **CITATIONS** sont ma signature, ma marque de commerce. Je n'ai pas à les planifier lors de ma **RELECTURE**, elles viennent au fur et à mesure que j'écris. Mais j'utilise souvent une **CITATIONS** pour terminer une ligne de pensées et avoir un bon départ pour une nouvelle.

Lors de la **RELECTURE**, j'ai ajouté un total de 3 **CITATIONS** à ce livre. Les autres étaient là depuis le premier jet.

JOUR 5

J'étais en cliniques avec mes responsabilités en tant que dentiste, mais maintenant, la plupart des gens ont compris que j'étais dans une course contre moi-même. Je me suis fait un devoir de rencontrer tous mes patients et de passé un bon moment avec eux.

En fait, avec certains d'entre eux, j'ai développé une véritable amitié, et nous avons partagé mon parcours d'auteur. Ils se sont tous bien amusés à partager en temps réel, un chapitre ou deux avec moi. J'ai commencé à partager avec les personnes présents dans mon quotidien immédiat, mes patients, bien avant de partager avec mes amis, mes fans et les autres... À midi, j'ai décidé de sortir pour une promenade, idée de me dégourdir les jambes.

Je me promenais avec Tranie, mon épouse sur la rue Sherbrooke, au coeur du GOLDEN SQUARE MILE de Montréal, le district le plus prestigieux de la ville où se trouvent l'Hôtel Ritz Carlton, l'Université McGill et le Musée des beaux-arts. Nous nous promenions lorsqu'un homme m'a souri .

Il s'est approché de moi et m'a serré la main : "Vous êtes une célébrité de LinkedIn, vous écrivez des livres avec votre fils. J'adore ce que vous faites!" C'étaient ses mots exacts (en anglais). Ça m'a complètement sorti de mon élément. Il m'a ensuite présenté à Kent, un de ses amis. Ils étaient tous les 2 des Vice-Présidents de finance... Ce genre d'encouragement m'inspire beaucoup à toujours repousser les limites de plus en plus loin.

Cela a fait ma journée! Je suis revenu au bureau et j'ai décidé de continuer à partager et à m'ouvrir. J'ai eu une journée chargée et des patients sans arrêt.

J'ai quand même réussi à terminer le chapitre 6 avant de rentrer chez moi ce soir-là. Oui, je suis resté 45 minutes supplémentaires pour terminer mon chapitre. Ce soir-là à la maison, j'ai été tenté de finir les deux derniers chapitres et la conclusion, mais je me suis endormi sur le canapé.

JOUR 6

Je n'avais pas de garde cliniques, mais des réunions à domicile. Oui, c'est l'un des privilèges d'être PDG, vous pouvez parfois choisir où rencontrer vos collaborateurs et d'où travailler. Ce matin-là, j'ai eu une réunion avec un de mes officiers. J'ai fixé le rendez-vous vers midi, pour avoir le temps de finir d'écrire. En prenant ma douche, je me demandais encore comment finir ce livre.

Il me restait encore deux chapitres à écrire et une conclusion et je ne voulais pas m'éterniser sur les thèmes. J'étais en train de revoir la logique et le rythme de mon livre alors que je me préparais pour la journée.

J'ai décidé d'opter pour 7 chapitres vous donnant l'essentiel des techniques et d'échanger le chapitre 8 contre un **ÉPILOGUE**. Ceci est l'épilogue, le making of. Tout comme les fans de cinéma et amateur cinéastes dévorent les making of et les suppléments DVD, l'épilogue couvrira ce qui s'est vraiment passé alors que j'écrivais ce livre.

Je n'ai pas eu à parcourir mon livre pour y intégrer un **GHOST STORY**, mon récit en tant qu'écrivain a pris ce rôle.

Michelle Obama a servi d'intrigue, et les réponses sont venues bien plus tard lorsque j'ai parlé du **POWER OF YES** au chapitre 7. Au fait, ce sont toutes des histoires vraies!

Entre les deux, mes éléments fantômes étaient partout, prévus tout au long du livre. Chaque fois que j'ai mentionné un livre que j'ai écrit, c'est un **GHOST STORY**. C'est mon style. Vous devrez trouver le vôtre. Ne vous inquiétez pas, cela arrivera bien assez tôt.

COMMENT ÉCRIRE UN LIVRE EN 30 JOURS comporte sept chapitres, un ÉPILOGUE, une INTRODUCTION et une CONCLUSION, avec un total de 18 741 mots. Cela vous donne une idée des coulisses. Si vous lisez encore et en demandez plus, c'est que vous êtes captifs et intéressés.

Rappelez-vous qu'aucune de ces règles n'est rigide. Maîtrisez-les et ensuite, vous pourrez jouer avec eux. Comme vous contrôlez les règles et le modèle, vous pouvez les modifier et créer votre chef-d'œuvre original.

Quoi que vous décidiez, à la fin de la journée, vous réagissiez toujours à la structure, même lorsque vous alliez dans la direction opposée! La plupart du temps, vous pourriez contourner les règles, 2 au maximum, et garder le reste intact puisque c'était votre point de référence.

Je n'ai même pas respecté mes propres règles et promesses en écrivant ce livre en 9 jours au lieu de 30! Pouvez-vous me blâmer? Je l'ai fait parce que j'étais inspiré et parce que je voulais vous prouver que 30 jours c'est très long ! Il y a beaucoup plus de temps que vous ne le pensez.

"Si vous êtes audacieux, vos actions devront être encore plus audacieuses! Les résultats, malheureusement, ne sont pas toujours sous votre contrôle absolu."

Dr. Bak Nguyen

Parce que j'ai écrit nativement à partir de mon modèle, je vais me donner un jour de révision et un jour supplémentaire de réédition. Au JOUR 8, **COMMENT ÉCRIRE UN LIVRE EN 30 JOURS** sera soumis à APPLE BOOKS.

Ce sera un raté puisque ce sera dimanche! Le personnel d'APPLE BOOKS ne travaille pas le week-end. Bon, je dois vivre avec ça. Je sais que d'ici lundi matin, au JOUR 9, **COMMENT ÉCRIRE UN LIVRE EN 30 JOURS** sera disponible en ligne pour téléchargement… dans 51 pays! Merci APPLE BOOKS pour votre confiance!

9 jours pour avoir un livre écrit et distribué dans 51 pays. Oui c'est possible! Si je peux le faire, vous le pouvez aussi. Je vous ai montré les COMMENT et les OÙ. C'est à vous de déterminer QUAND. Le QUOI, eh bien, vous l'avez en vous!

Ceci est **COMMENT ÉCRIRE UN LIVRE EN 30 JOURS,** présenté par **MILLION DOLLAR MINDSET**. Bienvenu(e)s aux ALPHAS.

Le pouvoir de l'écriture
est de vous libérer de votre passé.
Dr. BAK NGUYEN

136

POST SCRIPTUM
"CE QUI S'EST PASSÉ APRÈS"
Par Dr. BAK NGUYEN

Je pensais avoir terminé ce livre. Mais puisque je partage ouvertement avec vous, vous voulez savoir ce qui s'est passé ensuite? Je vous ai dit qu'au jour 6, j'avais fini d'écrire **COMMENT ÉCRIRE UN LIVRE EN 30 JOURS** et que j'attendais Jonas Diop, un de mes officiers vienne pour une réunion de direction. Il a été retardé à cause du traffic.

D'habitude, je n'aime pas que les gens arrivent en retard à mes réunions, mais ce matin-là, j'ai vraiment apprécié le temps supplémentaire qui m'a permis de terminer ce livre. Au moment où il est arrivé, je terminais l'ÉPILOGUE. Nous nous rencontrions pour discuter ensemble de nos nouveaux projets, dont l'un est l'écriture d'un livre.

Jonas est l'un de mes protégés, j'aime bien l'homme et ce qu'il représente. En janvier de cette année, il a déjà terminé un livre et il a encore du mal à le faire publier. Je voulais le motiver et lui prouver que de publier un livre n'est pas si difficile. J'ai passé 15 minutes supplémentaires à concevoir l'arrière de la couverture et à compiler le livre en format ePub. Tout avait l'air super!

Jonas argumentait encore sur le modèle à utiliser et les divers plate-formes à essayer. Je suis assez ouvert, mais cela fait maintenant 5 mois qu'il avait fini d'écrire son livre. Je voulais lui clouer le bec.

Pour lui prouver mon point, j'ai décidé de publier le livre sur Apple Books via iTunes Connect. Il regardait les étapes et en 15 minutes, peut-être 20, le livre était soumis et en attente d'approbation par Apple.

Nous parlions encore quand j'ai actualisé la page Web. **COMMENT ÉCRIRE UN LIVRE EN 30 JOURS** était en ligne et disponible dans 51 pays ! J'étais choqué! Je savais que ce serait accepté, en quelques heures, mais pas en quelques minutes?!

Avec cela, j'ai dû ajouter ce POST SCRIPTUM pour vous partager ce qui s'est réellement passé. J'ai commencé à écrire ce livre, et 6 jours plus tard, les gens pouvaient l'acheter dans 51 pays!

Pas en 9 mais en 6 jours! Je passerai peut-être le 7e jour pour la relecture et, s'il y a des modifications, je les soumettrai dans une seconde version. Habituellement, les mises à jour d'un livre sont plus rapidement approuvées.

Donc, si nous parlons de chiffres, **COMMENT ÉCRIRE UN LIVRE EN 30 JOURS** a été terminé et distribué le 6e jour, et non le 9e comme prévu !

Vous n'êtes pas obligé d'écrire aussi vite ni d'essayer de me battre, même si je suis prêt à relever le défi. Tout ce dont vous avez besoin est de croire et d'avoir confiance en vous. Avant de lire ce livre, vous n'étiez même pas sûr de pouvoir écrire un livre. En écrire un en 30 jours renforcera votre confiance et débutera votre légende.

Si vous pouvez le faire en moins de 30 jours, c'est encore mieux! Tant qu'il est écrit, vous avez gagné votre pari! J'ai très hâte de lire votre livre et de partager vos aventures. Je suis le Dr Bak et je suis heureux d'avoir contribué à votre succès et à votre bonheur, car c'est de cela qu'il s'agit dans ce livre, de gagner en confiance et de réussir!

Ceci est **COMMENT ÉCRIRE UN LIVRE EN 30 JOURS,** présenté par **MILLION DOLLAR MINDSET**. Bienvenu(e)s aux ALPHAS.

Le pouvoir de l'écriture
est de vous libérer de votre passé.
Dr. BAK NGUYEN

LA 2e ÉDITION
"ÉVOLUTION ET AMÉLIORATIONS"
Par Dr. BAK NGUYEN

1er AOÛT 2022

L'idée de publier une deuxième édition de **COMMENT ÉCRIRE UN LIVRE EN 30 JOURS** m'est venue alors que j'étais pressé de terminer ma 5e année d'écriture. Après avoir battu le record du monde d'écriture avec 100 livres écrits en 4 ans, je me suis concentré sur William et sur l'écriture de livres de fiction.

J'ai porté mon attention sur William et les grandes séries de livres que sont **ALPHA DENTISTRY** (9 livres avec 10 co-auteurs par livre) et **COVIDCONOMICS** qui est une franchise portant sur les tendances économiques et démographiques pouvant changer le monde post-COVID.

D'ailleurs, le premier volume de **COVIDCONOMICS** est presque terminé puisque nous proposons un remède à l'HYPERINFLATION de 2022. Ce livre est co-écrit avec

André Châtelain, ancien premier vice-président du MOUVEMENT DESJARDINS, François Dufour, le VP en finance que j'ai rencontré dans la rue (oui, nous sommes devenus amis après cet épisode), Tranie Vo, mon partenaire commercial et ma femme, et William Bak, mon fils et maintenant mon plus grand co-auteur.

À propos de la série **ALPHA DENTISTRY**, le premier livre vient de paraître sur Amazon COMBO livre de poche/livre audio hier après 8 mois intenses de recrutement et d'écriture. Tout ça pour dire que cette année, je suis tellement en retard sur mes chiffres.

Pour y arriver cette année, et même si je tire avantage sur les 4 livres supplémentaires terminés l'an dernier pour atteindre 100 livres au lieu des 96 livres en 48 mois, il me reste encore à écrire 8 livres pour arriver à 120 livres en 60 mois. J'ai un mois, 30 jours pour être exact devant moi.

Je fais tout cela en même temps que je commence à mentorer de futurs ALPHAS, 2 fois par mois. Et bien sûr, cela s'ajoute à mes tâches habituelles en tant que PDG et dentiste.

Eh bien, je ne suis pas sûr que je ferais mes chiffres cette année. Là-dessus, je n'ai encore rien annoncé sur les réseaux sociaux. En gros, pour y arriver, je devrais écrire et publier un nouveau livre tous les 4,5 jours pendant les 30 prochains jours. C'est fou, même pour moi!

> "Je n'abandonne jamais. Je peux manquer de temps mais d'abandonner, c'est de me condamnez moi-même."
>
> Dr. Bak Nguyen

J'ai suivi mes propres conseils et j'ai continué à pousser, même sans une vision claire de la victoire à venir. Dans l'ALPHA MASTERMINDS, j'encourage mes mentorés à créer leur propre livre. Cela aidera à clarifier leur vision et leurs objectifs.

Donc, comme nous avons terminé ce livre avec la conclusion sur l'auto-prophétie, cela tient toujours, même après la marque des 113 livres. J'ai moi-même atteint une influence et un pouvoir au-delà de ma propre compréhension, ayant été élu comme l'un des 100 meilleurs docteurs du monde en 2021 et parmi l'un des dentistes les plus influents au monde.

La semaine dernière, mon influence venait d'atteindre un autre niveau avec la nouvelle que je suis maintenant l'un des producteurs potentiels d'AMAZON PRIME. En d'autres termes, AMAZON prime video évaluera désormais les films et les documentaires que je soumettrai pour diffusion et distribution mondiales. C'est génial!

Surtout pour moi car j'ai passé les 20 dernières années à regretter mon choix de ne pas avoir embrassé Hollywood quand j'en avais la chance. Plus de 20 ans plus tard, je suis de retour à ses portes, avec les pouvoirs du Dr Bak et des ALPHAS.

Donc, comme je le disais, j'avais besoin d'un outil pour aider mes mentorés à écrire leur propre parcours. **COMMENT ÉCRIRE UN LIVRE EN 30 JOURS** était l'outil parfait. Ensuite, ils me demandaient si je l'avais sous forme de livre audio. Eh bien, quand j'ai écrit celui-là, je maîtrisais à peine le processus d'édition et de publication. J'étais encore loin des productions de livres audio et UAX.

C'était une bonne idée, mais mon assiette était déjà très remplie. Ensuite, la moitié de mes mentorés sont plutôt des natifs français. Est-ce que j'ai ce livre en français? Personne n'osait poser la question mais tout le monde attendait une réponse.

En écrivant avec André Châtelain, par respect pour mon ami et mentor, j'ai écris notre livre en français. Mais notre sujet est le sujet le plus brûlant de 2022 et il présente un intérêt et une portée mondiale. J'ai entrepris la tâche titanesque d'écrire, pour la première fois, en parallèle, les versions française et anglaise, côte à côte. C'est une autre de mes folies.

Les 2 versions de **COVIDCONOMIE volume 1, APPRIVOISER L'INFLATION SANS AUGMENTER LE TAUX D'INTÉRÊT** sont actuellement en cours de révision par mes co-auteurs et arriveront sur ma table de montage finale dans les prochains jours, à la fois la version française et la version anglaise. Je les ai écrits en un peu plus de 2 semaines et ils comptent pour 2 livres, portant mes chiffres à 113.

C'est alors que l'idée de faire d'une pierre deux coups m'est venue: pourquoi ne pas traduire en français **COMMENT ÉCRIRE UN LIVRE EN 30 JOURS**. Dans le processus, je devrai aussi mettre à niveau la version originale anglaise et les avoir tous les 2 en format COMBO livre papier/livre audio.

Pourquoi pas? J'étais à court d'idées sur mes prochains livres à écrire et j'avais des objectifs extrêmement élevés. Il m'a fallu 24 heures pour réviser et mettre à jour **COMMENT ÉCRIRE UN LIVRE EN 30 JOURS**. Une fois ce chapitre terminé, la deuxième édition sera disponible dans tous les points de vente conventionnels. C'est environ un autre jour supplémentaire pour la version anglaise, ce qui me laissera 2 jours et demi pour traduire et publier la version française avec les mêmes standards.

Cela ajoutera un nouveau livre et prendra pour matricule 102 en remplacement à un livre que je n'ai jamais complèter. Nous sommes tellement loin d'écrire un livre en 30 jours, maintenant je dois livrer en moins de 3! Ce sont maintenant les nouvelles règles du jeu. C'est possible!

J'ai revisé tous les concepts et chapitres de ce livre. Ce que je peux vous dire, c'est que, mis à part l'abondance de fautes d'orthographe (ce qui est embarrassant), je me confirme les concepts décris dans ce livre. J'utilise essentiellement les mêmes, 3 ans et 80 livres plus tard.

À propos de briser les règles, dans mon dernier livre, les modèles ne sont pas aussi nets mais tous les concepts y sont. 3 ans plus tard, Apple Books poussent toujours mes titres quelques heures après leur soumission. Kindle et Amazon ont également joins, publiant mes livres dans un intervalle de 1 à 3 heures suivant leur soumission. Même Barnes and Nobles ont leur propre sélection de mes titres.

Je me suis battu et j'ai convaincu Amazon d'établir un nouveau format, le format **COMBO** pour inclure une version audio du même livre avec l'achat de la version brochée. Aujourd'hui, je suis le seul auteur avec une telle gamme de produits.

Pour certains de mes titres, nous avons choisi de passer à **l'UAX** (remplaçant la marque EAX pour des raisons juridiques...) Ultimate Audio Experience, transformant les livres en livres audio à succès. Eh bien, ce fut un autre combat difficile et après 2 ans, Apple Music, Spotify, Amazon Prime Music et tous les plus grands distributeurs de musique diffusent désormais également cette nouvelle ligne de produits!

Ainsi, avec l'annonce d'AMAZON PRIME VIDEO, les documentaires et les films seront la prochaine évolution. Et tout cela commence par un livre publié. Que diriez-vous d'écrire votre propre prophétie?

C'est ainsi que **COMMENT ÉCRIRE UN LIVRE EN 30 JOURS** à démarrer. Et cela ajoute encore 1 livre de plus à mes chiffres. Il faut croire en soi et se faire confiance pour écrire son propre avenir. C'est mon histoire, c'est ma vie. C'est mon choix! Quels sont les vôtres?

Ceci est **COMMENT ÉCRIRE UN LIVRE EN 30 JOURS,** présenté par **MILLION DOLLAR MINDSET**. Bienvenu(e)s aux ALPHAS.

Le pouvoir de l'écriture
est de vous libérer de votre passé.
Dr. BAK NGUYEN

ANNEXE
GLOSSAIRE DE LA BIBLIOTHÈQUE DU Dr. BAK

1

1SELF -080

REINVENT YOURSELF FROM ANY CRISIS
BY Dr. BAK NGUYEN

1SELF is about reinventing yourself to rise from any crisis. Written in the midst of the COVID war, now more than ever, we need hope and the know-how to bridge the future. More than just the journey of Dr. Bak, this time, Dr. Bak is sharing his journey with mentors and people who built part of the world as we know it. Interviewed in this book, CHRISTIAN TRUDEAU, former CEO and FOUNDER of BCE EMERGIS (BELL CANADA), he also digitalized the Montreal Stock Exchange. RON KLEIN, American Innovator, inventor of the magnetic stripe of the credit card, of MLS (Multi-listing services) and the man who digitalized WALL STREET bonds markets. ANDRE CHATELAIN, former first vice-president of the MOVEMENT DESJARDINS. Dr. JEAN DE SERRES, former CEO of HEMA QUEBEC. These men created billions in values and have changed our lives, even without us knowing. They all come together to share their experiences and knowledge to empower each and everyone to emerge stronger from this crisis, from any crisis.

AFTERMATH -063
BUSINESS AFTER THE GREAT PAUSE
BY Dr. BAK NGUYEN & Dr. ERIC LACOSTE

In AFTERMATH, Dr. Bak joins forces with Community leader and philanthrope Dr. Eric Lacoste. Two powerful minds and forces of nature in the reaction to the worst economic meltdown in modern times. We are all victims of the CORONA virus. Both just like humans have learnt to adapt to survive, so is our economy. Most business structures and management philosophies are inherited from the age of industrialization and beyond. COVID-19 has shot down the world economy for months. At the time of the AFTERMATH, the truth is many corporations and organizations will either have to upgrade to the INFORMATION AGE or disappear. More than the INFORMATION upgrade, the era of SOCIAL MEDIA and the MILLENNIALS are driving a revolution in the core philosophy of all organizations. Profit is not king anymore, support is. In this time and age where a teenager with a social account can compete with the million dollars PR firm, social implication is now the new cornerstone. Those who will adapt will prevail and prosper, while the resistance and old guards will soon be forgotten as fossils of a past era.

ALPHA DENTISTRY vol. 1 -104
DIGITAL ORTHODONTIC FAQ
BY Dr. BAK NGUYEN

In ALPHA DENTISTRY, DIGITAL ORTHODONTICS FAQ, Dr. Bak is looking to democratize the science of dentistry, starting with orthodontics. In a word, he is sharing everything a patient needs to know on the matter in FAQ form. In order to make the knowledge complete and universal, Dr. Bak has invited Alpha Dentists from all around the world to join in and answer the same question. With Alpha Dentists from America and Europe, ALPHA DENTISTRY is the first effort to create a universal knowledge in the field of dentistry, starting with orthodontics. ALPHA DENTISTRY, DIGITAL ORTHODONTICS FAQ is in response to the COVID crisis, the shortage of staff crisis, and the effort to unify dentistry to the Information Age, as discussed in RELEVANCY and COVIDCONOMICS, THE DENTAL INDUSTRY.

ALPHA DENTISTRY vol. 1 -109
DIGITAL ORTHODONTIC FAQ ASSEMBLED EDITION

🇺🇸 USA 🇪🇸 SPAIN 🇩🇪 GERMANY 🇮🇳 INDIA 🇨🇦 CANADA

BY Dr. BAK NGUYEN, Dr. PAUL OUELLETTE, Dr. PAUL DOMINIQUE, Dr. MARIA KUNSTADTER, Dr. EDWARD J. ZUCKERBERG, Dr. MASHA KHAGHANI, Dr. SUJATA BASAWARAJ, Dr. ALVA AURORA, Dr. JUDITH BÄUMLER, and Dr. ASHISH GUPTA

In ALPHA DENTISTRY, DIGITAL ORTHODONTICS FAQ, Dr. Bak is democratizing the science of dentistry, starting with orthodontics. In a word, he is sharing everything a patient needs to know on the matter in FAQ form, simple words you'll understand.10 International Alpha Doctors, from USA, Spain, Germany, India, and Canada are joining forces to make the knowledge complete and universal. ALPHA DENTISTRY is the first effort to create a universal knowledge in the field of dentistry, this is the orthodontics volume. This is the most ambitious book project in the History of Dentistry. ALPHA DENTISTRY is in response to the COVID crisis, the shortage of staff crisis, and the effort to unify dentistry to the Information Age, as discussed in RELEVANCY and COVIDCONOMICS, THE DENTAL INDUSTRY.

ALPHA DENTISTRY vol. 1 -113
DIGITAL ORTHODONTIC FAQ INTERNATIONAL EDITION

🇺🇸 ENGLISH 🇪🇸 SPANISH 🇩🇪 GERMAN 🇮🇳 HINDI 🇨🇦 FRANÇAIS

BY Dr. BAK NGUYEN, Dr. PAUL OUELLETTE, Dr. PAUL DOMINIQUE, Dr. MARIA KUNSTADTER, Dr. EDWARD J. ZUCKERBERG, Dr. MASHA KHAGHANI, Dr. SUJATA BASAWARAJ, Dr. ALVA AURORA, Dr. JUDITH BÄUMLER, and Dr. ASHISH GUPTA

In ALPHA DENTISTRY, DIGITAL ORTHODONTICS FAQ, Dr. Bak is democratizing the science of dentistry, starting with orthodontics. In a word, he is sharing everything a patient needs to know on the matter in FAQ form, simple words you'll understand.10 International Alpha Doctors, from USA, Spain, Germany, India, and Canada are joining forces to make the knowledge complete and universal. ALPHA DENTISTRY is the first effort to create a universal knowledge in the field of dentistry, this is the orthodontics volume. This is the most ambitious book project in the History of Dentistry. ALPHA DENTISTRY is in response to the COVID crisis, the shortage of staff crisis, and the effort to unify dentistry to the Information Age, as discussed in RELEVANCY and COVIDCONOMICS, THE DENTAL INDUSTRY.

ALPHA LADDERS -075
CAPTAIN OF YOUR DESTINY
BY Dr. BAK NGUYEN & JONAS DIOP

In ALPHA LADDERS, Dr. Bak is sharing his private conversation and board meetings with 2 of his trusted lieutenants, strategist Jonas Diop and international Counsellor, Brenda Garcia. As both Dr. Bak and ALPHA brands are gaining in popularity and traction, it was time to get the movement to the next level. Now, it's about building a community and helping everyone willing to become ALPHAS to find their powers. Dr. Bak is a natural recruiter of ALPHAS and peers. He also spent the last 20 years plus, training and mentoring proteges. Now comes the time to empower more and more proteges to become ALPHAS. ALPHAS LADDERS is the journey of how Dr. Bak went from a product of Conformity to rise into a force of Nature, known as a kind tornado. In ALPHA LADDERS Jonas pushed Dr. Bak to retrace each of the steps of his awakening, steps that we can break down and reproduce for ourselves. The goal is to empower each willing individual to become the ultimate Captain of his or her destiny, and to do it, again and again. Welcome to the Alphas.

ALPHA LADDERS 2 -081
SHAPING LEADERS AND ACHIEVERS
BY Dr. BAK NGUYEN & BRENDA GARCIA

In ALPHA LADDERS 2, Dr. Bak is sharing the second part of his private conversation and board meetings with his trusted lieutenants. This time it is with international Counsellor, Brenda Garcia that the dialogue is taking place. In this second tome, the journey is taken to the next level. If the first tome was about the WHYs and the HOWs at an individual level, this tome is about the WHYs and the HOWs at the societal level. Through the lens of her background in international relations and diplomacy, Brenda now has the mission to help Dr. Bak establish structures, not only for his emerging organization and legacy, THE ALPHAS, but to also inspire all the other leaders and structures of our society. To do this, Brenda is taking Dr. Bak on an anthropological, sociological and philosophical journey to revisit different historical key moments in various fields and eras, going as far back as ancient Greece at the dawn of democracy, all the way to the golden era of modern multilateralism embodied by the UN structure. Learning from the legacies of prominent figures going from Plato to Ban Ki-Moon, Martin Luther King or Nelson Mandela, to Machiavelli, Marx and Simone de Beauvoir, Brenda and Dr. Bak are attempting to grasp the essence of structure and hierarchy, their goal being to empower each willing individual to become the ultimate Captain of their success, to climb up the ladders no matter how high it is, and to build their legacy one step at a time.

ALPHA MASTERMIND vol. 1 -116
THE SUPERHERO'S SYNDROME
BY Dr. BAK NGUYEN

ALPHA MASTERMIND, THE SUPER HERO'S SYNDROME, is not a superhero book, but it is the tale of every leader, entrepreneur, and everyday hero facing their destiny and entourage. It uncovers how society sees our best elements and expects from them. It covers how family and friends feel and why they act as they do. But most importantly, it covers how Alphas can emerge unscathed from their growth to uncover their true powers and purpose. A veteran agent of change and difference maker, Dr. Bak is sharing his experience and secret of why and how surfing through family and society pressure without revolting and without kneeling. THE SUPERHERO'S SYNDROME is the first volume inspired by the MASTERMINDS sessions as Dr. Bak is mentoring Alpha apprentices. The superhero's syndrome came to the table as Alphas are struggling to fit in society, to keep their values and generosity while facing so much negativity all around. Welcome to the Alphas.

ALPHA MASTERMIND vol. 2 -117
SUPERCHARGING MOMENTUM
BY Dr. BAK NGUYEN

ALPHA MASTERMIND, SUPERCHARGING MOMENTUM, is what is discussed on the Alphas' Round Table. Entrepreneurs, Professional Athletes, Coaches, they are all rising from their passion and momentum. To start was the first ACT. It wasn't easy but they did. Now as a FOOTBALL star, what can be next, not to fall as a HAS BEEN? You wrote your first book, what is next? What comes next after 100 books? There are so many paths to finding your powers but there is only one that I know that will keep feeding them: MOMENTUM. If discovering your powers and purposes was a great journey, the sequel to that story is a much harder one to write, to walk, to thrive from. In every story, the hero needs to rise and to grow. How can one grow even more? SUPERCHARGING MOMENTUM is the 2nd volume inspired by the MASTERMINDS sessions as Dr. Bak is mentoring Alpha apprentices. Dr. Bak is not teaching, he is sharing what he faces and does to write his next life chapter, renewing and reinventing himself again and again. Welcome to the Alphas.

ALPHA MASTERMIND vol. 3 -118
RIDING DESTINY
BY Dr. BAK NGUYEN

In ALPHA MASTERMIND, RIDING DESTINY, Dr. Bak is taking you and his apprentices on the quest of rising. It will be for each to find their purpose and destiny, but the way leading there will be eased with Dr. Bak's guidance. To discover power was only the beginning, to yield power was a preparation journey, now it is about rendering power into a stream of ripple effect. "KNOW YOURSELF, KNOW THE OTHER, AND ONLY THEN, DEAL." - Dr. BAK. Well, the 2 first volumes were about knowing oneself, this one is about knowing the other and to start dealing. Once one finds power, it is barely the beginning of his or her quest. The process is not an easy one, going through separation, rejection, and denial. Then, there will be encounters of a new kind, those liberating instead of attaching.RIDING DESTINY, is the third volume inspired by the MASTERMINDS sessions as Dr. Bak is mentoring Alpha apprentices. This is about ROI on the energy invested and the one generated. Welcome to the Alphas.

AMONGST THE ALPHAS -058
BY Dr. BAK NGUYEN, with Dr. MARIA KUNSTADTER, Dr. PAUL OUELLETTE and Dr. JEREMY KRELL

In AMONGST THE ALPHAS, Dr. Bak opens the blueprint of the next level with the hope that everyone can be better, bigger, and wiser, but above all, a philosophy of Life that if, well applied, can bring inspiration to life. The Alphas rose in the midst of the COVID war as an International Collaboration to empower individuals to rise from the global crisis. Joining Dr. Bak are some of the world thinkers and achievers, the Alphas. Doctors, business people, thinkers, achievers, and influencers, are coming together to define what is an Alpha and his or her role, making the world a better place. This isn't the American dream, it is the human dream, one that can help you make History. Joining Dr. Bak are 3 Alpha authors, Dr. Maria Kunstadter, Dr. Paul Ouellette and Dr. Jeremy Krell. This book started with questions from coach Jonas Diop. Welcome to the Alphas.

AMONGST THE ALPHAS vol.2 -059
ON THE OTHER SIDE
BY Dr. BAK NGUYEN with Dr. JULIO REYNAFARJE, Dr. LINA DUSEVICIUTE and Dr. DUC-MINH LAM-DO

In AMONGST THE ALPHAS 2, Dr. Bak continues to explore the meaning of what it is to be an Alpha and how to act amongst Alphas, because as the saying taught us: alone one goes fast, together we go far. Some people see the problem. Some people look at the problem, some people created the problem. Some people leverage the problem into solutions and opportunities. Well, all of those people are Alphas. Networking and leveraging one another, their powers and reach are beyond measure. And one will keep the other in line too. Joining Dr. Bak are 3 Alphas from around the world coming together to share and collaborate, Dr. DUSEVICIUTE, Dr. LAM-DO and Dr. REYNAFARJE. This isn't the American dream, it is the human dream, one that can help you make History. Welcome to the Alphas.

AU PAYS DES PAPAS -106
BY Dr. BAK NGUYEN & WILLIAM BAK

On ne nait pas papa. On le devient. Dans sa quête d'être le meilleur papa possible pour William, Dr. Bak monte au pays des papas avec William à la recherche du papa parfait. Comme pour tout dans la vie, il doit exister une recette pour faire des papas parfaits. AU PAYS DES PAPAS est le récit des souvenirs des papas que Dr. Bak a croisé avant, alors et après qu'il soit devenu papa lui aussi. Une histoire drôle et innocente pour un Noël magique, ceci est la nouvelle aventure de William et de son papa, le Dr. Bak. Entre les livres de poulet, LEGENDS OF DESTINY et les des livres parentaux de Dr. Bak, AU PAYS DES PAPAS nous amène dans le monde magique de ces êtres magiques qui forgent des rêves, des vies et des destins.

AU PAYS DES PAPAS 2 -108
BY Dr. BAK NGUYEN & WILLIAM BAK

On ne nait pas papa, ça on le sait après le premier voyage AU PAYS DES PAPAS. Suite à leur première expédition, Dr. Bak et William ont compris qu'il n'y a pas de papas parfaits ni de recette pour faire des papas parfaits. Pourtant, les papas parfaits existent! Dans ce 2e récit AU PAYS DES PAPAS, William revient avec son papa, Dr. Bak, mais cette fois, c'est William qui dirige l'expédition. Même s'il n'existe pas de recette pour faire des papas parfaits, il doit toutefois exister des façons de rendre son papa meilleur, version 2.0! C'est la nouvelle quête de William et du Dr. Bak, à la recherche de la mise-à-jour parfaite pour le meilleur papa 2.0 possible! William est déterminé à tout pour trouver la recette cette fois-ci! AU PAYS DES PAPAS 2 est le nouveau récit des aventures père-fils du Dr. Bak et de William Bak, après AU PAYS DES PAPAS 1, les livres de poulets, LEGENDS OF DESTINY et les BOOKS OF LEGENDS.

B

BOOTCAMP -071
BOOKS TO REWRITE MINDSETS INTO WINNING STATES OF MIND
BY Dr. BAK NGUYEN

In BOOTCAMP 8 BOOKS TO REWRITE MINDSETS INTO WINNING STATES OF MIND, Dr. Bak is taking you into his past, before the visionary entrepreneur, before the world records, before the Industry's disruptor status. Here are 8 of the books that changed Dr. Bak's thinking and, therefore, reset his evolution into the course we now know him for. BOOTCAMP: 8 BOOKS TO REWRITE MINDSETS INTO WINNING STATES OF MIND, is a Bootcamp of 8 weeks for anyone looking to experience Dr. Bak's training to become THE Dr. BAK you came to know and love. This book will summarize how each title changed Dr. Bak's mindset into a state of mind and how he applied that to rewrite his destiny. 8 books to read, that's 8 weeks of Bootcamp to access the power of your MIND and your WILL. Are you ready for a change?

BRANDING -044
BALANCING STRATEGY AND EMOTIONS
BY Dr. BAK NGUYEN

BRANDING is communication to its most powerful state. Branding is not just about communicating anymore but about making a promise, about establishing a relationship, and about generating an emotion. More than once, Dr. Bak proved himself to be a master, communicating and branding his ideas into flags attracting interest and influence, nationally and internationally. In BRANDING, Dr. Bak shares a very unique and personal journey, branding Dr. Bak. How does he go from Dr. Nguyen, a loved and respected dentist to becoming Dr. Bak, a world anchor hosting THE ALPHAS in the medical and financial world? More than a personal journey, BRANDING helps to break down the steps to elevate someone with nothing else but the force of his or her spirit. Welcome to the Alphas.

CHANGING THE WORLD FROM A DENTAL CHAIR -007
BY Dr. BAK NGUYEN

Since he has received the EY's nomination for entrepreneur of the year for his startup Mdex & Co, Dr. Bak Nguyen has pushed the opportunity to the next level. Speaker, author, and businessman, Dr. Bak is a true entrepreneur and industries' disruptor. To compensate for the startup's status of Mdex & Co, he challenged himself to write a book based on the EY's questionnaire to share an in-depth vision of his company. With "Changing the World from a dental chair" Dr. Bak is sharing his thought process and philosophy to his approach to the industry. Not looking to revolutionize but rather to empower, he became, despite himself, an industries disruptor: an entrepreneur who has established a new benchmark. Dr. Bak Nguyen is a cosmetic dentist and visionary businessman who won the GRAND HOMAGE prize of "LYS de la Diversité" 2016, for his contribution as a citizen and entrepreneur in the community. He also holds recognitions from the Canadian Parliament and the Canadian Senate. In 2003, he founded Mdex, a dental company upon which in 2018, he launched the most ambitious private endeavour to reform the dental industry, Canada-wide. He wrote seven books covering ENTREPRENEURSHIP, LEADERSHIP, QUEST of IDENTITY, and now, PROFESSION HEALTH. Philosopher, he has close to his heart the quest of happiness of the people surrounding him, patients, and colleagues alike. Those projects have allowed Dr. Nguyen to attract interest from the international and diplomatic community and he is now the centre of a global discussion on the wellbeing and the future of the health profession. It is in that matter that he shares with you his thoughts and encourages the health community to share their own stories.

CHAMPION MINDSET -039
LEARNING TO WIN
BY Dr. BAK NGUYEN & CHRISTOPHE MULUMBA

CHAMPION MINDSET is the encounter of the business world and the professional sports world. Industries' Disruptor Dr. BAK NGUYEN shares his wisdom and views with the HAMMER, CFL Football Star, Edmonton's Eskimos CHRISTOPHE MULUMBA on how to leverage the champion mindset to create successful entrepreneurs. Writing and challenging each other, they discovered the parallels and the difference of both worlds, but mainly, the recipe for leveraging from one to succeed in the other, from champions and entrepreneurs to WINNERS. Build and score your millions, it is a matter of mindset! This is CHAMPION MINDSET.

COMMENT ÉCRIRE UN LIVRE EN 30 JOURS -102
PAR Dr. BAK NGUYEN

Dans COMMENT ÉCRIRE UN LIVRE EN 30 JOURS, après plus de 100 livres écrits en 4 ans, le Dr Bak revisite son premier succès, le livre dans lequel il a partagé son art et sa structure d'écriture de livres. Encore et encore, le Dr Bak a prouvé que non seulement le contenu est important, mais ce sont la structure et le processus qui rendent les livres. L'inspiration n'est que le début. Si vous envisagez d'écrire votre premier livre, ceci est votre chance. Si vous y pensez, faites-le, et aussi vite que possible. Écrire votre premier livre vous libérera de votre passé et vous ouvrira les portes de votre avenir! Tout le monde a une histoire qui mérite d'être partagée! Par où commencer, comment passer le MUR DE L'INSPIRATION, quelles sont les techniques pour apporter de la profondeur à votre histoire, comment structurer votre chapitre, combien de chapitres, comment avoir un livre, en un mois? Voilà les réponses que vous trouverez dans COMMENT ÉCRIRE UN LIVRE EN 30 JOURS. Vous trouverez un trésor de sagesse, un mentor et surtout, une confiance renouvelée pour écrire, que ce soit, votre premier, deuxième ou même 10e livre. Au fait, le Dr. Bak a écrit ce livre et l'a fait publier en 6 jours. Bienvenu(e)s aux Alphas.

COMMENT ÉCRIRE 2 LIVRES EN 10 JOURS -115
Par WILLIAM & Dr. BAK NGUYEN

Dans COMMENT ÉCRIRE 2 LIVRES EN 10 JOURS, William Bak s'attaque au succès de son père, COMMENT ÉCRIRE UN LIVRE EN 30 JOURS. Cette fois-ci, père et fils font équipe pour vous partager l'art d'écrire de la fiction. Comme le titre le mentionne, William doit écrire ce livre et le suivant en 10 jours. Pour ne pas vous induire en erreur, écrire votre premier livre de fiction prendra plus que 10 jours. Cependant, les procédés contenus dans ce livre vous aideront à accélérer votre production et à porter votre créativité à des niveaux inégalés. William a 12 ans et déjà, il a signé 36 livres dont la plupart sont de la fiction. En ce sens, il est un vétéran auteur, un qui a connu les hauts et les bas du manque d'inspiration. Au côté de William, Dr. Bak se prête aussi au jeux de démolir son propre succès et le remplacer par une nouvelle marque. Père et fils, ils vous partagent leurs secrets et expérience à écrire un duo-choque depuis les derniers 4 ans. COMMENT ÉCRIRE 2 LIVRES EN 10 JOURS a commencé par une farce qui est rapidement devenu leur plus grand défi à ce jour, d'écrire 2 livres en 10 jours. Bienvenu(e)s aux Alphas.

COVIDCONOMIE -111
CONTRER L'INFLATION SANS TOUCHER LES TAUX D'INTÉRÊT
PAR Dr. BAK NGUYEN, ANDRÉ CHÂTEALAIN, TRANIE VO, FRANÇOIS DUFOUR, WILLIAM BAK

COVIDCONOMIE est l'ensemble des observations, analyses des phénomènes démographiques et économiques secondaires à la pandémie de la COVID-19. CONTRER L'INFLATION SANS TOUCHER LES TAUX D'INTÉRÊT, est la réflexion et plan macro des ALPHAS pour le CANADA et les ÉTATS-UNIS D'AMÉRIQUE dans un premier temps et un modèle économique pour l'ensemble des pays d'Occident.Joint par des leaders en finance et en économie, dont André Châtelain, ancien premier vice-président du MOUVEMENT DESJARDINS, le Dr. Bak met la table à des discussions inclusives et constructives pouvant changer le cours de l'Histoire dans l'intérêt des citoyens au quotidien.CONTRER L'INFLATION SANS TOUCHER LES TAUX D'INTÉRÊT, est un mémoire collectif des ALPHAS pour lutter contre l'inflation post-pandémique et éviter une récession internationale globale.

COVIDCONOMICS -112
TAMING INFLATION WITHOUT INCREASING INTEREST RATES
BY Dr. BAK NGUYEN, ANDRÉ CHÂTEALAIN, TRANIE VO, FRANÇOIS DUFOUR, WILLIAM BAK

COVIDCONOMICS, are the reflections, analysis and discussion of the ALPHAS, hosted by Dr. Bak to understand the demographic et economical trends post-COVID-19. TAMING INFLATION WITHOUT INCREASING INTEREST RATES is a macro plan by the ALPHAS for Canada and the USA which can inspire a new economical model for all of the Western worlds. Joined by leaders in finance as André Châtelain, former 1st Vice-President of the MOUVEMENT DESJARDINS, Dr. Bak is hosting an inclusive discussion to save our economy in these very troubled times as the country is still looking to get back on its feet from the Pandemic while wars are raging on multiple fronts. TAMING INFLATION WITHOUT INCREASING INTEREST RATES is our proposal to save the economy and our recovery from a global recession.

EMPOWERMENT -069
BY Dr. BAK NGUYEN

In EMPOWERMENT, Dr. Bak's 69th book, writing a book every 8 days for 8 weeks in a row to write the next world record of writing 72 books/36 months, Dr. Bak is taking a rest, sharing his inner feelings, inspiration, and motivation. Much more than his dairy, EMPOWERMENT is the key to walking in his footsteps and comprehending the process of an overachiever. Dr. Bak's helped and inspired countless people to find their voice, to live their dream, and to be the better version of themselves. Why is he sharing as much and keep sharing? Why is he going that fast, always further and further, why and how is he keeping his inspiration and momentum? Those are all the answers EMPOWERMENT will deliver to you. This book might be one of the fastest Dr. Bak has written, not because of time constraints but from inspiration, pure inspiration to share and to grow. There is always a dark side to each power, two faces to a coin. Well, this is the less prominent facet of Dr. Bak's Momentum and success, the road to his MINDSET.

FORCES OF NATURE -015
FORGING THE CHARACTER OF WINNERS
BY Dr. BAK NGUYEN

In FORCES OF NATURE, Dr. Bak is giving his all. This is his 15 books written within 15 months. It is the end of a marathon to set the next world record. For the occasion, he wanted to end with a big bang! How about a book with all of his biggest challenges? In a Quest of Identity, a journey looking for his name and powers, Dr. Bak is borrowing myths and legends to make this journey universal. Yes, this is Dr. Bak's mythology. Demons, heroes and Gods, there are forces of Nature that we all meet on our way for our name. Some will scare us, some will fight us, and some will manipulate us. We can flee, we can hide, we can fight. What we do will define our next encounter and the one after. A tale of personal growth, a journey to find power and purpose, Dr. Bak is showing us the path to freedom, the Path of Life. Welcome to the Alphas.

H

HORIZON, BUILDING UP THE VISION -045
VOLUME ONE
BY Dr. BAK NGUYEN

Dr. Bak is opening up to your demand! Many of you are following Dr. Bak online and are asking to know more about his lifestyle. This is how he has chosen to respond: sharing his lifestyle as he travelled the world and what he learnt in each city to come to build his Mindset as a driver and a winner. Here are 10 destinations (over 69 that will be followed in the next volumes...) in which he shares his journey. New York, Quebec, Paris, Punta Cana, Monaco, Los Angeles, Nice, and Holguin, the journey happened over twenty years.

HORIZON, ON THE FOOTSTEP OF TITANS -048
VOLUME TWO
BY Dr. BAK NGUYEN

Dr. Bak is opening up to your demand! Many of you are following Dr. Bak online and are asking to know more about his lifestyle. This is how he has chosen to respond: sharing his lifestyle as he travelled the world and what he learnt in each city to come to build his Mindset as a driver and a winner. Here are 9 destinations (over 72 that will follow in the next volumes...) in which he shares his journey. Hong Kong, London, Rome, San Francisco, Anaheim, and more…, the journey happened over twenty years. Dr. Bak is sharing with you his feelings, impressions, and how they shaped his state of mind and character into Dr. Bak. From a dreamer to a driver and a builder, the journey started when he was 3. Wealth is a state of mind, and a state of mind is the basis of the drive. Find out about the mind of an Industry's disruptor.

HORIZON, DREAMING OF THE FUTURE -068
VOLUME THREE
BY Dr. BAK NGUYEN

Dr. Bak is back. From the midst of confinement, he remembers and writes about what life was, when travelling was a natural part of Life. It will come back. Now more than ever, we need to open both our hearts and minds to fight fear and intolerance. Writing from a time of crisis, he is sharing the magic and psychological effect of seeing the world and how it has shaped his mindset. Here are 9 other destinations (over 75) in which he shares his journey. Beijing, Key West, Madrid, Amsterdam, Marrakech and more…, the journey happened over twenty years.

HOW TO TO BOOST YOUR CREATIVITY TO NEW HEIGHTS -088
BY Dr. BAK NGUYEN

In HOW TO BOOST YOUR CREATIVITY TO NEW HEIGHTS, Dr. Bak is sharing his secrets of creativity and insane production pace with the world. Up to lately, Dr. Bak shared his secrets about speed and momentum but never has he opened up about where he gets his inspiration, time and time again. To celebrate his new world record of writing 100 books in 4 years, Dr. Bak is joined by his proteges strategist Jonas Diop, international counsellor Brenda Garcia and prodigy William Bak for the writing of his secrets on creativity. Brenda, Jonas and William all have witnessed Dr. Bak's creativity. This time, they will stand in to ask the right questions to unleash that creative power in ways for others to follow the trail. Part of the MILLION DOLLAR MINDSET series, HOW TO BOOST YOUR CREATIVITY TO NEW HEIGHTS is Dr. Bak's open book to one of his superpowers.

HOW TO NOT FAIL AS A DENTIST -047
BY Dr. BAK NGUYEN

In HOW TO NOT FAIL AS A DENTIST, Dr. Bak is given 20 plus years of experience and knowledge of what it is to be a dentist on the ground. PROFESSIONAL INTELLIGENCE, FINANCIAL INTELLIGENCE and MANAGEMENT INTELLIGENCE are the fields that any dentist will have to master for a chance to succeed and a shot at happiness, practicing dentistry. Where ever you are starting your career as a new graduate or a veteran in the field looking to reach the next level, this is book smart and street smart all into one. This is Million Dollar Mindset applied to dentistry. We won't be making a millionaire out of you from this book, we will be giving you a shot at happiness and success. The million will follow soon enough.

HOW TO WRITE A BOOK IN 30 DAYS -042
BY Dr. BAK NGUYEN

In HOW TO WRITE A BOOK IN 30 DAYS, after more than 100 books written in 4 years, Dr. Bak is revisiting his first hit, the book in which he shared his craft and structure of how to write books. After 100 books, Dr. Bak proved that not only content is important, but what will keep the words coming are the structure and the process. If you are looking into writing your first book, this is your chance. If you are thinking about it, do it, and as fast as possible. Writing your first book will set you free from your past and open the doors to your own future! Everyone has a story worth telling! Where to start, how to get by the INSPIRATIONAL WALL, what are the techniques to bring depth into your storytelling, how to structure your chapter, how many chapters, how to have a book, in a month? These are the answers you will find within HOW TO WRITE A BOOK IN 30 DAYS. You will find a wealth of wisdom from his experience writing your first, second or even 10th book. Dr. Bak is sharing his secrets writing books. By the way, he wrote this book and got it published within 6 days. Welcome to the Alphas.

HOW 2 WRITE 2 BOOKS IN 10 DAYS -114
BY WILLIAM & Dr. BAK NGUYEN

HOW 2 WRITE 2 BOOKS IN 10 DAYS, is William Bak takes on his father's hit, HOW TO WRITE A BOOK IN 30 DAYS. This time, William is covering the art of writing fiction. As mentioned in the title, William is writing this book and the next one within 10 days. Just not to mislead you, writing fiction will take longer, but once you have done all your prep work and research, it can be written as quickly. William is only 12 and already, he has signed 35 books. Most of his books are fiction, so on the matter, he is a veteran author, one with much experience of the ups and downs when it comes to writing books and getting them to the finish line Joining him is Dr. Bak who is sharing his secrets of writing fiction too. What does it take, how different it is from writing non-fictional books and what does it take to inspire and motivate his 12-year-old son to write as much, matching his world record pace? HOW 2 WRITE 2 BOOKS IN 10 DAYS is a joke between 2 world record authors teasing one another as they keep raising the bar higher and higher. Welcome to the Alphas.

HOW TO WRITE A SUCCESSFUL BUSINESS PLAN -049
BY Dr. BAK NGUYEN & ROUBA SAKR

In HOW TO WRITE A SUCCESSFUL BUSINESS PLAN, Dr. Bak is given 20 plus years of experience and knowledge of what it is to be an entrepreneur and more importantly, how to have the investors and banks on your side. Being an entrepreneur is surely not something you learn from school, but there are steps to master so you can communicate your views and vision. That's the only way you will have financing. Writing a business is only not a mandatory stop only for the bankers, but an essential step for every entrepreneur, to know the direction and what's coming next. A business plan is also not set in stone, if there is a truth in business is that nothing will go as planned. Writing down your business plan the first time will prepare you to adapt and overcome the challenges and surprises. For most entrepreneurs, a business is a passion. To most investors and all banks, a business is a system. Your business plan is the map to that system. However unique your ideas and business are, the mapping follows the same steps and pattern.

HUMILITY FOR SUCCESS -051
BALANCING STRATEGY AND EMOTIONS
BY Dr. BAK NGUYEN

HUMILITY FOR SUCCESS is exploring the emotional discomforts and challenges champions, and overachievers put themselves through. Success is never done overnight and on the way, just like the pain and the struggles aren't enough, we are dealing with the doubts, the haters, and those who like to tell us how to live our lives and what to do. At the same time, nothing of worth can be achieved alone. Every legend has a cast of characters, allies, mentors, companions, rivals, and foes. So one needs the key to social behaviour. HUMILITY FOR SUCCESS is exploring the matter and will help you sort out beliefs from values, and peers from friends. Humility is much more about how we see ourselves than how others see us. For any entrepreneur and champion, our daily is to set our mindset right, and to perfect our skills, not to fit in. There is a world where CONFIDENCE grows in synergy with HUMILITY. As you set the right label on the right belief, you will be able to grow and leave the lies and haters far behind. This is HUMILITY FOR SUCCESS.

HYBRID -011
THE MODERN QUEST OF IDENTITY
BY Dr. BAK NGUYEN

I

IDENTITY -004
THE ANTHOLOGY OF QUESTS
BY Dr. BAK NGUYEN

What if John Lennon was still alive and running for president today? What kind of campaign will he be running? IDENTIFY -THE ANTHOLOGY OF QUESTS is about the quest each of us has to undertake, sooner or later, THE QUEST OF IDENTITY. Citizens of the world, aim to be one, the one, one whole, one unity, made of many. That's the anthology of life! Start with your one, find your unity, and your legend will start. We are all small-minded people anyway! We need each other to be one! We need each other to be happy, so we, so you, so I, can be happy. This is the chorus of life. This is our song! Citizens of the world, I salute you! This is the first tome of the IDENTITY QUEST. FORCES OF NATURE (tome 2) will be following in SUMMER 2021. Also under development, Tome 3 - THE CONQUEROR WITHIN will start production soon.

INDUSTRIES DISRUPTORS -006
BY Dr. BAK NGUYEN

INDUSTRIES DISRUPTORS is a strange title, one that sparkles mixed feelings. A disruptor is someone making a difference, and since we, in general, do not like change, the label is mostly negative. But a disruptor is mostly someone who sees the same problem and challenge from another angle. The disruptor will tackle that angle and come up with something new from something existent. That's evolution! In INDUSTRIES DISRUPTORS, Dr. Bak is joining forces with James Stephan-Usypchuk to share with us what is going on in the minds and shoes of those entrepreneurs disrupting the old habits. Dr. Bak is changing the world from a dental chair, disrupting the dental, and now the book industry. James is a maverick in the Intelligence space, from marketing to Artificial Intelligence. Coming from very different backgrounds and industries, they end up telling very similar stories. If disruptors change the world, well, their story proves that disruptors can be made and forged. Here's the recipe. Here are their stories.

K

KRYPTO -040
TO SAVE THE WORLD
BY Dr. BAK NGUYEN & ILYAS BAKOUCH

L

L'ART DE TRANSFORMER DE LA SOUPE EN MAGIE -103
PAR Dr. BAK NGUYEN

Dans L'ART DE TRANSFORMER DE LA SOUPE EN MAGIE, Dr. Bak remonte aux sources pour connaître la source de son génie et la recette qui a été transféré à son fils, William Bak, auteur et record mondial dès l'âge de 8 ans. Docteur en médecine dentaire, entrepreneur, écrivain record mondial, musicien, Dr. Bak est d'abord et avant tout un fils qui a une maman qui croit en lui. L'ART DE TRANSFORMER DE LA SOUPE EN MAGIE est dédié à la recette du génie, celle qui pousse une mère a mijoté les ingrédients de l'espoir dans un bouillon d'amour, à y ajuster un zeste de bonheur et un brin d'ambition. Dans la lignée des livres parentaux de Dr. Bak, L'ART DE TRANSFORMER DE LA

SOUPE EN MAGIE est dédié à la première femme dans sa vie, celle qui a tracé son destin et celle qui l'a cultivée.

LEADERSHIP -003
PANDORA'S BOX
BY Dr. BAK NGUYEN

LEADERSHIP, PANDORA'S BOX is 21 presidential speeches for a better tomorrow for all of us. It aims to drive HOPE and motivation into each and every one of us. Together we can make the difference, we hold such power. Covering themes from LOYALTY to GENEROSITY, from FREEDOM and INTELLIGENCE to DOUBTS and DEATH, this is not the typical presidential or motivational speeches that we are used to. LEADERSHIP PANDORA'S BOX will surf your emotions first, only to dive with you to touch the core and soul of our meaning: to matter. This is not a Quest of Identity, but the cry to rally as a species, raise our heads toward the future and move forward as a WHOLE. Not a typical Dr. Bak's book, LEADERSHIP, PANDORA'S BOX is a must-read for all of you looking for hope and purpose, all of us, citizens of the world.

LEADERSHIP vol. 1 (ALPHA DENTISTRY) -121
CHANGING THE WORLD FROM A DENTAL CHAIR
BY Dr. BAK NGUYEN, Dr. MAHSA KHAGHANI, and Dr. PAUL DOMINIQUE

ALPHA DENTISTRY proudly presents LEADERSHIP, CHANGING THE WORLD FROM A DENTAL CHAIR. This time, Dr. Bak is leading the charge of rebuilding the foundations of the dental industry, especially after the light shed by COVID. More than once, populations from all around the world have expressed their negative perceptions and uneasy feelings about the dental industry. For decades, we turned deaf and blinded to these criticisms. In the worse health crisis of our lifetime, our specialists, experts and all our doctors were benched, despite being health professionals... The message is clear, the whole field must be rethought and better adapted to our modern societies. In the hope of bringing new ideas and philosophies, Dr. Bak is joined by Dr. Mahsa Khaghani from Spain and Dr. Paul Dominique from the USA. It will take leadership and courage to assemble all of the world's dental industry and bridge the gaps to a better future. It starts by listening and then, dialoguing. LEADERSHIP is an inclusive dialogue. This is the first volume of this new series in which International Dental leaders will be joining forces to rebuild Dentistry. First mission: lower the costs of dentistry. Welcome to the Alphas.

LEVERAGE -014
COMMUNICATION INTO SUCCESS
BY Dr. BAK NGUYEN

In LEVERAGE COMMUNICATION TO SUCCESS, Dr. Bak shares his secret and mindsets to elevate an idea into a vision and a vision into an endeavour. Some endeavours will be a project, some others will become companies, and some will grow into a movement. It does not matter, each started with great communication. Communication is a very vast concept, education, sale, sharing, empowering, coaching, preaching, and entertaining. Those are all different kinds of communication. The intent differs, the audiences vary, and the messages are unique but the frame can be templated and mastered. In LEVERAGE COMMUNICATION TO SUCCESS, Dr. Bak is loyal to his core, sharing only what he knows best, what he has done himself. This book is dedicated to communicating successfully in business.

LEGENDS OF DESTINY vol.1 -101
THE PROLOGUES OF DESTINY
BY Dr. BAK NGUYEN & WILLIAM BAK

The war between the forces of death and the legions of life lasted for centuries, ravaging most of the twin planets, Destiny and Earth. The end was so imminent that even the Gods got involved to save Life from eternal doom. Heroes rise and fall from all sides. Some fight for good, others, for evil. Gods, titans, angels, and demons all took sides in the war. Gods fight and kill other gods. Angel fights alongside demons, striking down Gods and Titans, and rival angels. The war lasted for so long that no one even remembers what they were fighting for. Some fight for domination while others, just to survive. The war ravages Destiny, the twin sister of planet Earth to the brink of annihilation. All eyes now turn to Earth. As the balance of the creation itself hands in the balance, a species emerges as holding the balance to victory: mankind. For the future of Humanity, of Gods and men and everything in between, this is the last stand of Destiny, a last chance for life.

LEGENDS OF DESTINY vol.2 -107
THE BOOK OF ELVES
BY Dr. BAK NGUYEN & WILLIAM BAK

Caught between the Orcs invading from the center of Destiny, the Angels raining down and the Demons eating from within, the Elves are turning from their old beliefs and Gods for salvation. For Millennials, Elves turned to Odin and the Forces of Nature for answers and guidance. Since the imminent destruction of their kingdoms and cities, a new God is offering Hope, Kal, the old God of fire. Kal gave them more than Hope, he gave the elves who turned to him for passage to a new world. But more than hope, more than fear, Elves value honour and Destiny. At least their old guards and heroes do. With their world crumbling down, and the rise of the new and younger generations, Elf's society seems to be at the crossroad of evolution. It is convert or die. Or die fighting or die kneeling. The Book of Elves is the story of a civilization facing its fate in the blink of destruction.

M

MASTERMIND, 7 WAYS INTO THE BIG LEAGUE -052
BY Dr. BAK NGUYEN & JONAS DIOP

MASTERMIND, 7 WAYS INTO THE BIG LEAGUE is the result of the encounter between business coach Jonas Diop and Dr. Bak. As a professional podcaster and someone always seeking the truth and ways to leverage success and performance, coach Jonas is putting Dr. Bak to the test, one that should reveal his secret to overachieve month after month, accumulating a new world record every month. Follow those two great minds as they push each other to surpass themselves, each in their own way and own style. MASTERMIND, 7 WAYS INTO THE BIG LEAGUE is more than a roadmap to success, it is a journey and a live testimony as you are turning the pages, one by one.

MIDAS TOUCH -065
POST-COVID DENTISTRY
BY Dr. BAK NGUYEN, Dr. JULIO REYNAFARJE AND Dr. PAUL OUELLETTE

MIDAS TOUCH, is the memoir of what happened in the ALPHAS SUMMIT in the midst of the GREAT PAUSE as great minds throughout the world in the dental field are coming together. As the time of competition is obsolete, the new era of collaboration is blooming. This is the 3rd book of the ALPHAS, after AFTERMATH and RELEVANCY, all written in the midst of confinement. Dr. Julio Reynafarje is bearing this initiative, to share with you the secret of a successful and lasting relationship with your patients, balancing science and psychology, kindness, and professionalism. He personally invited the ALPHAS to join as co-author, Dr. Paul Ouellette, Dr. Paul Dominique, and Dr. Bak. Together, they have more than 100 years of combined experience, wisdom, trade, skills, philosophy, and secrets to share with you to empower you in the rebuilding of the dental profession in the aftermath of COVID. RELEVANCY was about coming together and rebuilding the future. MIDAS TOUCH is about how to build, one treatment plan at a time, one story at a time, one smile at a time.

MINDSET ARMORY -050
BY Dr. BAK NGUYEN

MINDSET ARMORY is Dr. Bak's 49th book, days after he completed his world record of writing 48 books within 24 months, on top of being the CEO of Mdex & Co and a full-time cosmetic dentist. Dr. Bak is undoubtedly an OVERACHIEVER. In his last books, he has shared more and more of his lifestyle and how it forged his winning mindset. Within MINDSET ARMORY, Dr. Bak is sharing with us his tools, how he found them, forged them, and leverage them. Just like any warrior needs a shield, a sword, and a ride, here are Dr. Bak's. For any entrepreneur, the road to success is a long and winding journey. On the way, some will find allies and foes. Some allies will become foes, and some foes might become allies. In today's competitive world, the only constant is change. With the right tool, it is possible to achieve. The right tool, the right mindset. This is MINDSET ARMORY.

MIRROR -085
BY Dr. BAK NGUYEN

MIRROR is the theme for a personal book. Not only to Dr. Bak but to all of us looking to reach beyond who and what we actually are. MIRROR is special in the fact that it is not only the content of the book that is of worth but the process in which Dr. Bak shared his own evolution. To go beyond who we are, one must grow every day. And how do you compare your growth and how far have you reached? Looking in the mirror. In all of Dr. Bak's writing, looking at the past is a trap to avoid at all costs. Looking in the mirror, is that any better? Share Dr. Bak's way to push and keep pushing himself without friction or resistance. Please read that again. To evolve without friction or resistance... that is the source of infinite growth and the unification of the Quest for Power and the Quest of Happiness.

MOMENTUM TRANSFER -009
BY Dr. BAK NGUYEN & Coach DINO MASSON

How to be successful in your business and life? Achieve Your Biggest Goals With MOMENTUM TRANSFER. START THE BUSINESS YOU WANT - AND BRING IT NEXT LEVEL! GET THE LIFE YOU ALWAYS WANTED - AND IMPROVE IT! TAKE ANY PROJECTS YOU HAVE - AND MAKE THEM THE BEST! In this powerful book, you'll discover what a small business owner learnt from a millionaire and successful entrepreneur. He applied his mentor's principles and is explaining them in full detail in this book. The small business owner wrote the book he has always wanted to read and went from the verge of bankruptcy to quadrupling his revenues in less than 9 months and improve his personal life by increasing his energy and bringing back peacefulness. Together, the millionaire and the small business owner are sharing their most valuable business and life lessons with the world. The most powerful book to increase your momentum in your business and your life introduces simple and radical life-changing concepts: Multiply your business revenues by finding the Eye of your Momentum - Increase your energy by building and feeding your own Momentum - How to increase your confidence with these simple steps - How to transfer your new powerful energy into other aspects of your business and life - How to set goals and achieve them (even crush them!)- How to always tap into an effortless and limitless force within you- And much, much more!

P

PLAYBOOK INTRODUCTION -055
BY Dr. BAK NGUYEN

In PLAYBOOK INTRODUCTION, Dr. Bak is open the door to all the newcomers and aspirant entrepreneurs who are looking at where and when to start. Based on questions of two college students wanting to know how to start their entrepreneurial journey, Dr. Bak dives into his experiences to empower the next generation, not about what they should do, but how he, Dr. Bak, would have done it today. This is an important aspect to recognize in the business world, the world has changed since the INFORMATION AGE and the advent of the millenniums into the market. Most matrix and know-how have to be adapted to today's speed and accessibility to the information. We are living at the INFORMATION AGE, this book is the precursor to the ABUNDANCE AGE, at least to those open to embracing the opportunity.

PLAYBOOK INTRODUCTION 2 -056
BY Dr. BAK NGUYEN

In PLAYBOOK INTRODUCTION 2, Dr. Bak continues the journey to welcome the newcomers and aspirant entrepreneurs looking at where and when to start. If the first volume covers the mindset, the second is covering much more in-depth the concept of debt and leverage. This is an important aspect to recognize in the business world, the world has changed since the INFORMATION AGE and the advent of the millenniums into the market. Most matrix and know-how have to be adapted to today's speed and accessibility to the information. We are living at the INFORMATION AGE, this book is the precursor to the ABUNDANCE AGE, at least to those open to embrace the opportunity.

POWER -043
EMOTIONAL INTELLIGENCE
BY Dr. BAK NGUYEN

IN POWER, EMOTIONAL INTELLIGENCE, Dr. Bak is sharing his experiences and secrets leveraging on his EMOTIONAL INTELLIGENCE, a power we all have within. From SYMPATHY, having others opening up to you, to ACTIVE LISTENING, saving you time and energy; from EMPATHY, allowing you to predict the future to INFLUENCE, enabling you to draft the future, not to forget the power of the crowd with MOMENTUM, you are now in possession of power in tune with nature, yourself. It is a unique take on the subject to empower you to find your powers and your destiny. Visionary businessman, and doctor in dentistry, Dr. Bak describes himself as a Dentist by circumstances, a communicator by passion, and an entrepreneur by nature.

POWERPLAY -078
HOW TO BUILD THE PERFECT TEAM
BY Dr. BAK NGUYEN

In POWERPLAY, HOW TO BUILD THE PERFECT TEAM, Dr. Bak is sharing with you his experience, perspective, and mistake travelling the journey of the entrepreneur. A serial entrepreneur himself, he started venture only with a single partner as a team to build companies with a director of human resources and a board of directors. POWERPLAY is not a story, it is the HOW TO build the perfect team, knowing that perfection is a lie. So how can one build a team that will empower his or her vision? How to recruit, how to train, how to retain? Those are all legitimate questions. And all of those won't matter if the first question isn't answered: what is the reason for the team? There is the old way to hire and the new way to recruit. Yes, Human Resources is all about mindset too! This journey is one of introspection, of leadership, and a cheat sheet to build, not only the perfect team but the team that will empower your legacy to the next level.

PROFESSION HEALTH - TOME ONE -005
THE UNCONVENTIONAL QUEST OF HAPPINESS
BY Dr. BAK NGUYEN, Dr. MIRJANA SINDOLIC, Dr. ROBERT DURAND AND COLLABORATORS

Why are health professionals burning out while they give the best of themselves to heal the world? Dr. Bak aims to break the curse of isolation that health professionals face and establish a conversation to start the healing process. PROFESSION HEALTH is the basis of an ongoing discussion and will also serve as an introduction to a study led by Professor Robert Durand, DMD, MSc Science from the University of Montreal, a study co-financed by Mdex and the Federal Government of Canada. Co-writers are Dr. Mirjana Sindolic, Professor Robert Durand, Dr. Jean De Serres, MD and former President of Hema Quebec, Counsel-Minister Luis Maria Kalaff Sanchez, Dr. Miguel Angel Russo, MD, Banker Anthony Siggia, Banker Kyles Yves, and more… This is the first Tome of three, dedicated to helping "WHITE COATS" to heal and to find their happiness.

REBOOT -012
MIDLIFE CRISIS
BY Dr. BAK NGUYEN

MidLife Crisis is a common theme for each of us as we reach the threshold. As a man, as a woman, why is it that half of the marriages end up in recall? If anything else would have half those rates of failure, the lawsuits would be raining. Where are the flaws, the traps? Love is strong and pure, why is marriage not the reflection of that? Those are all hard questions to ask with little or no answers. Dr. Bak is sharing his reflections and findings as he reached himself the WALL OF MARRIAGE. This is a matter that affects all of our lives. It is time for some answers.

RELEVANCY - TOME TWO -064
REINVENTING OURSELVES TO SURVIVE
BY Dr. BAK NGUYEN & Dr. PAUL OUELLETTE AND COLLABORATORS

THE GREAT PAUSE was a reboot of all the systems of society. Many outdated systems will not make it back. The Dental Industry is a needed one, it has laid on complacency for far too long. In an age where expertise is global and democratized and can be replaced with technologies and artificial intelligence, the REBOOT will force, not just an update, but an operating system replacement and a firmware upgrade. First, they saved their industry with THE ALPHAS INITIATIVE, sharing their knowledge and vision freely to all the world's dental industry. With the OUELLETTE INITIATIVE, they bought some time for all the dental clinics to resume and adjust. The warning has been given, the clock is now ticking. who will prevail and prosper and who will be left behind, outdated and obsolete?

RISING -062
TO WIN MORE THAN YOU ARE AFRAID TO LOSE
BY Dr. BAK NGUYEN

In RISING, TO WIN MORE TAN YOU ARE AFRAID TO LOSE, Dr. Bak is breaking down the strategy to success to all, not only those wearing white coats and scrubs. More than his previous book (SUCCESS IS A CHOICE), this one is covering most of the aspects of getting to the next level, psychologically, socially, and financially. Rising is broken down into three key strategies: Financial Leverage - Compressing time - Always being in control. Presented by MILLION DOLLAR MINDSET, the book is covering more than the ways to create wealth, but also how to reach happiness and live a life without regrets. Dr. Bak the CEO and founder of Mdex & Co, a company with the promise of reforming the whole dental industry for the better. He wrote more than 60 books within 30 months as he is sharing his experiences, secrets, and wisdom.

S

SELFMADE -036
GRATITUDE AND HUMILITY
BY Dr. BAK NGUYEN

This is the story of Dr. Bak, an artist who became a dentist, a dentist who became an Entrepreneur, an Entrepreneur who is seeking to save an entire industry. In his free time, Dr. Bak managed to write 37 books and is a contender for 3 world records to be confirmed. Businessman and visionary, his views and philosophy are ahead of our time. This is his 37th book. In SELFMADE, Dr. Bak is answering the questions most entrepreneurs want to know, the HOWTO and the secret recipes, not just to succeed, but to keep going no matter what! SELFMADE is the perfect read for any entrepreneurs, novices, and veterans.

SHORTCUT vol. 1 - HEALING -093
BY Dr. BAK NGUYEN

In SHORTCUT 408 HEALING QUOTES, Dr. Bak revisits and compiles his journey of healing and growing. Just like anyone, he was moulded and shaped by Conformity and Society to the point of blending and melting. Walking his journey of healing, he rediscovers himself and found his true calling. And once whole with himself and with the Universe, Dr. Bak found his powers. In SHORTCUT 408 HEALING QUOTES, you have a quick and easy way to surf his mindsets and what allowed him to heal, to find back his voice and wings, and to walk his destiny. You too are walking your Quest of Identity. That one is mainly a journey of healing. May you find yours and your powers.

SHORTCUT vol. 2 - GROWING -094
BY Dr. BAK NGUYEN

In SHORTCUT 408 GROWTH QUOTES, Dr. Bak is compiling his library of books about personal growth and self-improvement. More than a motivational book, more than a compilation of knowledge, Dr. Bak is sharing the mindsets upon which he found his power to achieve and to overachieve. We all have our powers, only they were muted and forgotten as we were forged by Conformity and Society. After the healing process, walking your Quest of Identity, the Quest for your growth and God-given power is next to lead you to walk your Destiny.

SHORTCUT vol. 3 - LEADERSHIP -095
BY Dr. BAK NGUYEN

In SHORTCUT 365 LEADERSHIP QUOTES, Dr. Bak is compiling his library of books about leadership and ambition. Yes, the ambition is to find your worth and to make the world a better place for all of us. If the 3rd volume of SHORTCUT is mainly a motivational compilation, it also holds the secrets and mindsets to influence and leadership. If you were looking to walk your legend and impact the world, you are walking a lonely path. You might on your own, but it does not have to be harder than it is. As we all have your unique challenges, the key to victory is often found in the same place, your heart. And here are 365 shortcuts to keep you believing and to attract more people to you as you are growing into a true leader.

SHORTCUT vol. 4 - CONFIDENCE -096
BY Dr. BAK NGUYEN

SHORTCUT 518 CONFIDENCE QUOTES, is the most voluminous compilation of Dr. Bak's quotes. To heal was the first step. To grow and find your powers came next. As you are walking your personal legend, Confidence is both your sword and armour to conquer your Destiny and overcome all of the challenges on your way. In SHORTCUT volume four, Dr. Bak comprises all his mindsets and wisdom to ease your ascension. Confidence is not something one is simply born with, but something to nurture, grow, and master. Some will have the chance to be raised by people empowering Confidence, others will have to heal from Conformity to grow their confidence. It does not matter, only once Confident, can one stand tall and see clearly the horizon.

SHORTCUT vol. 5- SUCCESS -097
BY Dr. BAK NGUYEN

Success is not a destination but a journey and a side effect. While no map can lead you to success, the right mindset will forge your own success, the one without medals nor labels. If you are looking to walk your legend, to be successful is merely the beginning. Actually, being successful is often a side effect of the mindsets and actions that you took, you provoked. In SHORTCUT 317 SUCCESS QUOTES, Dr. Bak is revisiting his journey, breaking down what led him to be successful despite the odds stacked against him. As success is the consequence of mindsets, choices, and actions, it can be duplicated over and over again, one just needs to master the mindsets first.

SHORTCUT vol. 6- POWER -098
BY Dr. BAK NGUYEN

That's the kind of power that you will discover within this journey. Power is a tool, a leverage. Well used, it will lead to great achievements. Misused, it will be your downfall. If a sword sometimes has 2 edges, Power is a sword with no handle and multiple edges. You have been warned. In SHORTCUT 376 POWER QUOTES, Dr. Bak is compiling all the powers he found and mastered walking his own legend. If the first power was Confidence, very quickly, Dr. Bak realized that Confidence was the key to many, many more powers. Where to find them, how to yield them, and how to leverage these powers is the essence of the 6th volume of SHORTCUT.

SHORTCUT vol. 7- HAPPINESS -099
BY Dr. BAK NGUYEN

We were all born happy and then, somehow, we lost our ways and forgot our ways home. Is this the real tragedy behind the lost paradise myth? If we were happy once, we can trust our hearts to find our way home, once more. This is the journey of the 7th volume of the SHORTCUT series. In SHORTCUT 306 HAPPINESS QUOTES, Dr. Bak is revisiting and compiling all the secrets and mindsets leading to happiness. Happiness is not just a destination but a shrine for Confidence and a safe place to regroup, to heal, to grow. We each have our own happiness. What you will learn here is where to find yours and, more importantly, how to leverage you to ease the journey ahead, because happiness is not your final destination. It can be the key to your legend.

SHORTCUT vol. 8- DOCTORS -100
BY Dr. BAK NGUYEN

If healing was the first step to your destiny and powers, there is a science to healing. Those with that science are doctors, the healers of the world. In India, healers are second only to the Gods! In SHORTCUT 170 DOCTOR QUOTES, Dr. Bak is dedicating the 8th volume of the series to his peers, doctors, from all around the world. Doctors too, have to walk their Quest of Identity, to heal from their pain and to walk their legend. Doctors need to heal and rejuvenate to keep healing the world. If healing is their science, in SHORTCUT, they will access the power of leveraging.

SUCCESS IS A CHOICE -060
BLUEPRINTS FOR HEALTH PROFESSIONALS
BY Dr. BAK NGUYEN

In SUCCESS IS A CHOICE, FINANCIAL MILLIONAIRE BLUEPRINTS FOR HEALTH PROFESSIONALS, Dr. Bak is breaking down the strategy to success for all those wearing white coats and scrubs: doctors, dentists, pharmacists, chiropractors, nurses, etc. Success is broken down into three key strategies:

Financial Leverage - Compressing time - Always being in control. Presented by MILLION DOLLAR MINDSET, the book is covering more than the ways to create wealth, but also how to reach happiness and live a life without regrets. Dr. Bak is a successful cosmetic dentist with nearly 20 years of experience. He founded Mdex & Co, a company with the promise of reforming the whole dental industry for the better. While doing so, he discovered a passion for writing and for sharing. Multiple times World Record, Dr. Bak is writing a book every 2 weeks for the last 30 months. This is his 60th book, and he is still practicing. How he does it, is what he is sharing with us, SUCCESS, HAPPINESS, and mostly FREEDOM to all Health Professionals.

SYMPHONY OF SKILLS -001
BY Dr. BAK NGUYEN

You will enlighten the world with your potential. I can't wait to see all the differences that you will have in our world. Remember that power comes with responsibility. We can feel in his presence, a genuine force, a depth of energy, confidence, innocence, courage, and intelligence. Bak is always looking for answers, morning and night, he wants to understand the why and the why not. This book is the essence of the man. Dr. Bak is a force of nature who bears proudly his title eHappy. The man never ceases smiling and spreading his good vibe wherever he passes. He is not trapped in the nostalgia of the past nor the satisfaction of the present, he embodies the joy of what's possible, and what's to come. The more we read, the more we share, and we live. That is Bak, he charms us to evolve and to share his points of view, and before we know it, we are walking by his side, a journey we never saw coming.

T

THE 90 DAYS CHALLENGE -061
BY Dr. BAK NGUYEN

THE 90 DAYS CHALLENGE, is Dr. Bak's journey into the unknown. Overachiever writing 2 books a month on average, for the last 30 months, ambitious CEO, Industries' Disruptor, Dr. Bak seems to have success in everything he touches. Everything except the control of his weight. For nearly 20 years, he struggles with an overweight problem. Every time he scored big, he added on a little more weight. Well, this time, he exposes himself out there, in real-time and without filter, accepting the challenge of his brother-in-law, DON VO to lose 45 pounds within 90 days. That's half a pound a day, for three months. He will have to do so while keeping all of his other challenges on track, writing books at a world record pace, leading the dental industry into the new ERA, and keep seeing his patients. Undoubtedly entertaining, this is the journey of an ALPHA who simply won't give up. But this time, nothing is sure.

THE BOOK OF LEGENDS -024
BY Dr. BAK NGUYEN & WILLIAM BAK

The Book of Legends vol. 1 is the story behind the world record of Dr. Bak and his son, William Bak. All Dr. Bak had in mind was to keep his promise of writing a book with his son. They ended up writing 8 children's books within a month, scoring a new world record. William is also the youngest author having published in two languages. Those are world records waiting to be confirmed. History will say: to celebrate a first world record (writing 15 books / 15 months), for the love of his son, he will have scored a second world record: to write 8 books within a month! THE BOOK OF LEGENDS vol. 1 This is both a magical journey for both a father and a son looking to connect and find themselves. Join Dr. Bak and William Bak in their journey and their love for Life!

THE BOOK OF LEGENDS 2 -041
BY Dr. BAK NGUYEN & WILLIAM BAK

THE BOOK OF LEGENDS vol. 2 is the sequel of "CINDERELLA" but a true story between a father and his son. Together they have discovered a bond and a way to connect. The first BOOK OF LEGENDS covered the time of the first four books they wrote together within a month. The second BOOK OF LEGENDS is covering what happened after the curtains dropped, and what happened after reality kicked back in. If the first volume was about a fairy tale in vacation time, the second volume is about making it last in real Life. Share their journey and their love of Life!

THE BOOK OF LEGENDS 3 -086
THE END OF THE INNOCENCE AGE
BY Dr. BAK NGUYEN & WILLIAM BAK

THE BOOK OF LEGENDS 3 is a long work extending to almost 3 years. If the shocking duo known as Dr. Bak and prodigy William Bak has marked the imaginary writing world record upon world record, the story is not all pink. After the franchise of the CHICKEN BOOKS, William, now in his pre-teen years, wants to move away from the chicken tales. After 22 chicken books, a break is well deserved. that said, what is next? Both father and son thought that if they could do it once easily, they could do it again! They couldn't be any further from the truth. For 2 years, they were stuck in the quest for their next franchise of books. THE BOOK OF LEGENDS 3 started right around the end of the chicken franchise and would have ended with a failure if the book was to be released on time, the holiday season of that year. It took the duo another year to complete their story to add the last chapters of this book, hoping to end with a happy ending. Unfortunately, not all story ends the way we wish… this is the dark tome of the series, where the imagination got eclipsed. Follow William and Dr. Bak in their fight to keep the magic and connection alive.

THE CONFESSION OF A LAZY OVERACHIEVER -089
REINVENT YOURSELF FROM ANY CRISIS
BY Dr. BAK NGUYEN

In THE CONFESSION OF A LAZY OVERACHIEVER, Dr. Bak is opening up to his new marketing officer, Jamie, fresh out of school. She is young, full of energy, and looking to chill and still have it all. True to his character, Dr. Bak is giving Jamie some leeway to redefine Dr. Bak's brand to her demographic, the Millennials. This journey is about Dr. Bak satisfying the Millennials and answering their true questions in life. A rebel himself, his ambition to change the world started back on campus, some 25 years ago… then, life caught up with him. It took Dr. Bak 20 years to shake down the burdens of life, spread his wings free from Conformity, and start Overachieving. Doctor, CEO, and world record author, here is what Dr. Bak would have loved to know 25 years ago as was still on campus. In a word, this is cheating your way to success and freedom. And yes, it is possible. Success, Money, and Freedom, they all start with a mindset and the awareness of Time. Welcome to the Alphas.

THE ENERGY FORMULA -053
BY Dr. BAK NGUYEN

THE ENERGY FORMULA is a book dedicated to helping each individual to find the means to reach their purpose and goal in Life. Dr. Bak is a philosopher, a strategist, a business, an artist, and a dentist, how does he do all of that? He is doing so while mentoring proteges and leading the modernization of an entire industry. Until now, Momentum and Speed were the powers that he was building on and from. But those powers come from somewhere too. From a guide of our Quest of Identity, he became an ally in everyone's journey for happiness. THE ENERGY FORMULA is the book revealing step by step, the logic of building the right mindset and the way to ABUNDANCE and HAPPINESS, universally. It is not just a HOW TO book, but one that will change your life and guide you to the path of ABUNDANCE.

THE MODERN WOMAN -070
TO HAVE IT HAVE WITH NO SACRIFICE
BY Dr. BAK NGUYEN & Dr. EMILY LETRAN

In THE MODERN WOMAN: TO HAVE IT ALL WITH NO SACRIFICE, Dr. Bak joins forces with Dr. Emily Letran to empower all women to fulfill their desires, goals, and ambition. Both overachievers going against the odds, they are sharing their experience and wisdom to help all women to find confidence and support to redefine their lives. Dr. Emily Letran is a doctor in dentistry, an entrepreneur, author, and CERTIFIED HIGH-PERFORMANCE coach. For an Asian woman, she made it through the norms and the red tapes to find her voice. As she learnt and grew with mentors, today she is sharing her secret with the energy that will motivate all of the female genders to stand for what they deserve. Alpha doctor, Bak is joining his voice and perspective since this is not about gender equality, but about personal empowerment and the quest of Identity of each, man and woman. Once more, Dr. Bak is bringing LEVERAGE and REASON to the new social deal between man and woman. This is not about gender, but about confidence.

THE POWER BEHIND THE ALPHA -008
BY TRANIE VO & Dr. BAK NGUYEN

It's been said by a "great man" that "We are born alone and we die alone." Both men and women proudly repeat those words as wisdom since. I apologize in advance, but what a fat LIE! That's what I learnt and discovered in life since my mind and heart got liberated from the burden of scars and the ladders of society. I can have it all, not all at the same time, but I can have everything I put my mind and heart into. Actually, it is not completely true. I can have most of what I and Tranie put our minds into. Together, when we feel like one, there isn't much out of our reach. If I'm the mind, she's the heart; if I'm the Will, she's the means. Synergy is the core of our power. Tranie's aim is always Happiness. In Tranie's definition of life, there are no justifications, no excuses, no tomorrow. For Tranie, Happiness is measured by the minutes of every single day. This is why she's so strong and can heal people around her. That may also be why she doesn't need to talk much, since talking about the past or the future is, in her mind, dimming down the magic of the present, the Now. We both respect and appreciate that we are the whole balancing each other's equation of life, of love, of success. I was the plus and the minus, then I became the multiplication factor and grew into the exponential. And how is Tranie evolving in all of this? She is and always will be the balance. If anything, she is the equal sign of each equation.

THE POWER OF Dr. -066
THE MODERN TITLE OF NOBILITY
BY Dr. BAK NGUYEN, Dr. PAVEL KRASTEV AND COLLABORATORS

In THE POWER OF Dr., independent thinkers mean to exchange ideas. An idea can be very powerful if supported by a great work ethic. Work ethic, isn't that the main fabric of our white coats, scrubs, and title? In an era post-COVID where everything has been rebooted and that's the healthcare industry is facing its own fate: to evolve or to be replaced, Dr. Bak and Dr. Pavel reveal the source of their power and their playbook to move forward, ahead. The power we all hold is our resilience and discipline. We put that for years at the service of our profession, from a surgical perspective. Now, we can harness that same power to rewrite the rules, the industry, and our future. Post-COVID, the rules are being rewritten, will you be part of the team or left behind? "You can be in control!" More than personal growth and a motivational book, THE POWER OF Dr. is an awakening call to the doctor you look at when you graduate, with hope, with honour, with determination.

THE POWER OF YES -010
VOLUME ONE: IMPACT
BY Dr. BAK NGUYEN

In THE POWER OF YES, Dr. Bak is sharing his journey, opening up and embracing the world, one day at a time, one task at a time, one wish at a time. Far from a dare, saying YES allowed Dr. Bak to rewrite his mindset and break all the boundaries. This book is not one written in a few days or weeks, but the accumulation of a journey for 12 months. The journey started as Dr. Bak said YES to his producer to go on stage and speak... That YES opened a world of possibilities. Dr. Bak embraced each and every one of them. 12 months later, he is celebrating the new world record of writing 9 books written over a period of 12 months. To him, it will be a miss, missing the 12 on 12 mark. To the rest of the world, they just saw the birth of a force of nature, the Alpha force. THE POWER OF YES is comprised of all the introductions of the adult books written by Dr. Bak within the first 12 months. Chapter by chapter, you can walk in his footstep seeing and smelling what he has. This is reality-literature with a twist of POWER. THE POWER OF YES! Discover your potential and your power. This is the POWER OF YES, volume one. Welcome to the Alphas.

THE POWER OF YES 2 -037
VOLUME TWO: SHAPELESS
BY Dr. BAK NGUYEN

In THE POWER OF YES, volume 2, Dr. Bak is continuing his journey, discovering his powers and influence. After 12 months of embracing the world by saying YES, he rose as an emerging force: he's been recognized as an INDUSTRIES DISRUPTOR, got nominated ERNST AND YOUNG ENTREPRENEUR OF THE YEAR, wrote 9 books within 12 months while launching the most ambitious private endeavour to reform his own industry, the dental field. Contender too many WORLD RECORDS, Dr. Bak is doing all of that in parallel. And yes, he is sleeping his nights and yes, he is writing his book himself, from the screen of his iPhone! Far from satisfied, Dr. Bak missed the mark of writing 12 books within 12 months. While everything is taking shape, everything could also crumble down at each turn. Now that Dr. Bak understands his powers, he is looking to test them and push them to their limits, looking to keep scoring world records while materializing his vision and enterprises. This is the awakening of a Force of Nature looking to change the world for the better while having fun sharing. Welcome to the Alphas.

THE POWER OF YES 3 -046
VOLUME THREE: LIMITLESS
BY Dr. BAK NGUYEN

In THE POWER OF YES, volume 3, the journey of Dr. Bak continues where the last volume left, in front of 300 plus people showing up to his first solo event, a Dr. Bak's event. On stage and in this book, Dr. Bak reveals how 12 months of saying YES to everything changed his life... actually, it was 18 months. From a dentist looking to change the world from a dental chair into a multiple times world record author, the journey of openness is a rendezvous with Fate. Dr. Bak is sharing almost in real-time his journey, and experiences, but above all, his feelings, doubts, and comebacks. From one book to the next, from one journey to the next, follow the adventure of a man looking to find his name, his worth, and his place in the world. Doing so, he is touching people Doing so, he is touching people and initiating their rise. Are you ready for more? Are you ready to meet your Fate and Destiny? Welcome to the Alphas.

THE POWER OF YES 4 -087
VOLUME FOUR: PURPOSE
BY Dr. BAK NGUYEN

In THE POWER OF YES, volume 4, the journey continues days after where the last volume left. After setting the new world record of writing 48 books within 24 months, Dr. Bak is not ready to stop. As volume one covers 12 months of journey, volume 2 covers 6 months. Well, volume 3 covers 4 months. The speed is building up and increasing, steadily. This is volume 4, RISING, after breaking the sound barrier. Dr. Bak has reached a state where he is above most resistance and friction, he is now in a universe of his own, discovering his powers as he walks his journeys. This is no fiction story or wishful thinking, THE POWER OF YES is the journey of Dr. Bak, from one world record to the next, from one book to the next. You too can walk your own legend, you just need to listen to your innersole and open up to the opportunity. May you get inspiration from the legendary journey of Dr. Bak and find your own Destiny. Welcome to the Alphas.

THE RISE OF THE UNICORN -038
BY Dr. BAK NGUYEN & Dr. JEAN DE SERRES

In THE RISE OF THE UNICORN, Dr. Bak is joining forces with his friend and mentor, Dr. Jean De Serres. Together both men had many achievements in their respective industries, but the advent of eHappyPedia, THE RISE OF THE UNICORN is a personal project dear to both of them: the QUEST OF HAPPINESS and its empowerment. This book is a special one since you are witnessing the conversation between two entrepreneurs looking to change the world by building unique tools and media. Just like any enterprise, the ride is never a smooth one in the park on a beautiful day. But this is about eHappyPedia, it is about happiness, right? So it will happen and with a smile attached to it! The unique value of this book is that you are sharing the ups and downs of the launch of a Unicorn, not just the glory of the fame, but also the doubts and challenges along the way. May it inspire you on your own journey to success and happiness.

THE RISE OF THE UNICORN 2 -076
eHappyPedia
BY Dr. BAK NGUYEN & Dr. JEAN DE SERRES

This is 2 years after starting the first tome. Dr. Bak's brand is picking up, between the accumulation of records and recognition. eHappyPedia is now hot for a comeback. In THE RISE OF THE UNICORN 2, Dr. Bak is retracing and addressing each of Dr. Jean De Serres' concerns about the weakness of the first version of eHappyPedia and the eHappy movement. This is the sort of creation and a UNICORN both in finance and in psychology. Never before, have you assisted in such a daily and decision-making process of a world phenomenon and of a company. Dr. Bak and Dr. De Serres are literally using the process of writing this series of books to plan and brainstorm the birth of a bluechip. More than an intriguing story, this is the journey of 2 experienced entrepreneurs changing the world.

THE U.A.X STORY -072
THE ULTIMATE AUDIO EXPERIENCE
BY Dr. BAK NGUYEN

This is the story of the ULTIMATE AUDIO EXPERIENCE, U.A.X. Follow Dr. Bak's footsteps in how he invented a new way to read and learn. Dr. Bak brings his experience as a movie producer and a director to elevate the reading experience to another level with entertaining value and make it accessible to everyone, auditive, and visual people alike. After three years plus of research and development, and countless hours of trials and errors, Dr. Bak finally solved his puzzle: having written more than 1.1 million words. The irony is that he does not like to read, he likes audiobooks! U.A.X. finally allowed the opening of Dr. Bak's entire library to a new genre and media. U.A.X. is the new way to learn and enjoy Audiobooks. Made to be entertaining while keeping the self-educational value of a book, U.A.X. will appeal to both auditive and visual people. U.A.X. is the blockbuster of Audiobooks. The format has already been approved by iTunes, Amazon, Spotify, and all major platforms for global distribution and streaming.

THE VACCINE -077
BY Dr. BAK NGUYEN & WILLIAM BAK

In THE VACCINE, A TALE OF SPIES AND ALIENS, Dr. Bak reprises his role as mentor to William, his 10-year-old son, both as co-author and as doctor. William is living through the COVID war and has accumulated many, many questions. That morning, they got out all at once. From a conversation between father and son, Dr. Bak is making science into words keeping the interest of his son on a Saturday morning in bed. William is not just an audience, he is responsible to map the field with his questions. What started as a morning conversation between father and son, became within the next hour, a great project, their 23rd book together. Learn about the virus, and vaccination while entertaining your kids.

TIMING - TIME MANAGEMENT ON STEROIDS -074
BY Dr. BAK NGUYEN & WILLIAM BAK

In TIMING, TIME MANAGEMENT ON STEROIDS, Dr. Bak is sharing his secret to keep overachieving, and overdelivering while raising the bar higher and higher. We all have 24 hours in a day, so how can some do so much more than others? Dr. Bak is not only sharing his secrets and mindset about time and efficiency, he is literally living his own words as this book is written within his last sprint to set the next world record of writing 100 books within 4 years, with only 31 days to go. With 8 books to write in 31 days, that's a little less than 4 days per book! Share the journey of a man surfing the change and looking to see where is the limit of the human mind, writing. In the meantime, understand his leverage, mindset, and secrets to challenge your own limits and dreams.

TO OVERACHIEVE EVERYTHING BEING LAZY -090
CHEAT YOUR WAY TO SUCCESS
BY Dr. BAK NGUYEN

In TO OVERACHIEVE EVERYTHING BEING LAZY, Dr. Bak retakes his role talking to the millennials, the next generation. If in the first tome of the series LAZY, Dr. Bak addresses the general audience of millennials, especially young women, he is dedicating this tome to the ALPHA amongst the millennials, those aiming for the moon and looking, not only to be happy but to change the world. This is not another take on how to cheat your way to success or how to leverage laziness, but this is the recipe to build overachievers and rainmakers. For the young leaders with ambitions and talent, understanding TIME and ENERGY are crucial from your first steps in writing your our legend. If Dr. Bak had the chance to do it all over again, this is how he would do it! Welcome to the Alphas.

TORNADO -067
FORCE OF CHANGE
BY Dr. BAK NGUYEN

In TORNADO - FORCE OF CHANGE Dr. Bak is writing solo. In the midst of the COVID war, change is not a good intention anymore. Change, constant change has become a new reality, a new norm. From somebody who holds the title of Industries' Disruptor, how does he yield change to stay in control? Well, the changes from the COVID war are constant fear and much loss of individual liberty. Some can endure the change, some will ride it. Dr. Bak is sharing his angle of navigating the changes, yielding the improvisations, and to reinvent the goals, the means to stay relevant. From fighting to keep his companies Dr. Bak went on to let go of the uncontrollable to embrace the opportunity, he reinvented himself to ride the change and create opportunities from an unprecedented crisis. This is the story of a man refusing to kneel and accept defeat, smiling back at faith to find leverage and hope.

TOUCHSTONE -073
LEVERAGING TODAY'S PSYCHOLOGICAL SMOG
BY Dr. BAK NGUYEN & Dr. KEN SEROTA

TOUCHSTONE, LEVERAGING TODAY'S PSYCHOLOGICAL SMOG is mapping to navigate and thrive in today's high and constant stress environment. After 40 years in practice, Dr. Serota is concerned about the evolution of the career of health care professionals and the never-ending level of stress. What is stress, and what are its effects, damages, and symptoms? If COVID-19 revealed to the world that we are fragile, it also revealed most of the broken and the flaws of our system. For now a century, dentistry has been a champion in depression, Drug addiction, and suicide rates, and the curve is far from flattening. Dr. Bak is sharing his perspective and experience dealing with stress and how to leverage it into a constructive force. From the stress of a doctor with no right to failure to the stress of an entrepreneur never knowing the future, Dr. Bak is sharing his way to use stress as leverage.

Du Canada, le **Dr Bak NGUYEN**, nominé Entrepreneur de l'année Ernst & Young, Grand Hommage à Lys DIVERSITÉ, LinkedIn et TownHall, Achiever of the year et TOP100 docteurs du monde. Le Dr Bak est un dentiste cosmétique, PDG et fondateur de Mdex & Co. Son entreprise révolutionne le domaine dentaire. Conférencier et motivateur, il détient le record du monde d'écriture de 100 livres en 4 années, accumulant de nombreux records mondiaux (à être officialisés). Dernièrement, il détient aussi le record mondial d'écriture de 120 livres en 60 mois. Ses livres couvrent les sujets:

- **ENTREPRENEURSHIP**
- **LEADERSHIP**
- **QUÊTE D'IDENTITÉ**
- **DENTISTERIE ET MÉDECINE**
- **ÉDUCATION DES ENFANTS**
- **LIVRES POUR ENFANTS**
- **PHILOSOPHIE**

En 2003, il a fondé Mdex, une entreprise dentaire sur laquelle, en 2018, il a lancé l'initiative privée la plus ambitieuse afin de réformer l'industrie dentaire à l'échelle du Canada. Philosophe, il a à cœur la quête du bonheur des personnes qui l'entourent, patients et collègues. En 2020, il a lancé une initiative de collaboration internationale nommée les **ALPHAS** pour partager ses connaissances et pour que les entrepreneurs et les professionnels dentaires puissent se relever de la plus grande pandémie et dépression économique des temps modernes.

Ces projets ont permis au Dr Bak d'attirer les intérêts de la communauté internationale et diplomatique. Il est maintenant au centre d'une discussion mondiale sur le bien-être et l'avenir de la profession de la santé. C'est à ce propos qu'il partage ses réflexions et encourage la communauté des professionnels de la santé à partager leurs histoires.

"Ça ne vaut pas la peine de marcher seul! Ensemble, on peut y arriver."

Pour soutenir la créativité et le partage de la sagesse et la croissance personnelle, le Dr Bak dirige également l'avancement de l'Intelligence artificielle chez Emotive Monde Incorporé. En intégrant l'intelligence artificielle, le design et l'édition à son flux de production, Emotive Monde est un leader mondial dans les univers de publication et de production d'histoires et de livres.

Les livres édités sont distribués par Amazon, Barnes & Noble, Apple Livres et Kindle. La société produit aussi des livres audio, nouvellement intégré en format combo pour les achats de copie papiers distribuées par Amazon et Barnes & Noble.

Sous la direction du Dr Bak, Emotive Monde a lancé le protocole Apollo, permettant aux auteurs d'écrire des livres en 24 heures de temps de travail, le protocole Echo, pour produire des livres audio comme celui-ci, et également de créer et de produire des blockbusters de livres audio, **U.A.X.** (Ultimate Audio Experience) en streaming sur Apple Music, Spotify et tous les principaux distributeurs musicaux.

Le Dr Bak, avec son implication dans Emotive Monde, encourage la voix individuelle des auteurs du monde et les aide à atteindre leurs marchés et leur public. Oui, le Dr Bak est un auteur, mais à travers Emotive Monde, il est également une maison d'édition et un studio de production.

Conférencier motivateur et entrepreneur en série, philosophe et auteur, de ses propres mots, le Dr Bak se décrit comme un dentiste par circonstances, un entrepreneur par nature et un communicateur par passion.

Il détient également des distinctions du Parlement canadien et du Sénat canadien.

ULTIMATE AUDIO EXPERIENCE

Une nouvelle façon d'apprendre tout en se divertissant grâce aux films-audio. UAX est plus qu'un livre audio, ils ont été conçus afin de stimuler l'imaginaire afin de garder l'intérêt du public, même des gens visuels. Les UAX ont été conçus pour divertir tout en conservant le caractère éducatif des livres. Les film-audio UAX sont les blockbusters de l'univers des livres Audio.

La bibliothèque du Dr. Bak sera rendue disponibles en format UAX au cours des prochains mois. Des négociations sont aussi entamées pour ouvrir le format UAX à tous les auteurs désirant élargir leur audiences.

Découvrez l'expérience UAX dès aujourd'hui en streaming sur Spotify, Apple Music ainsi que chez tous les grands distributeurs de musiques digitales.

AMAZON - BARNES & NOBLE - APPLE BOOKS - KINDLE
SPOTIFY - APPLE MUSIC

COMBO
PAPERBACK/AUDIOBOOK
ACTIVATION

Enregistrez votre copie pour accéder au lien du livre audio de ce livre. Enregistrez-vous au : https://baknguyen.com/1livre-30jours-registry

Votre licence vous permet de partager jusqu'à 3 personnes le lien du livre audio. Livre publié par Dr. Bak publishing company. Livre Audio produit par Emotive World Inc. Droits d'auteur 2021, tous droits réservés.

PAR LE MÊME AUTEUR
Dr. Bak Nguyen

www.Dr.BakNguyen.com

MAJOR LEAGUES' ACCESS

FACTEUR HUMAIN -035
LE LEADERSHIP DU SUCCÈS
par Dr. BAK NGUYEN & CHRISTIAN TRUDEAU

THE RISE OF THE UNICORN -038
BY Dr. BAK NGUYEN & Dr. JEAN DE SERRES

CHAMPION MINDSET -039
LEARNING TO WIN
BY Dr. BAK NGUYEN & CHRISTOPHE MULUMBA

THE RISE OF THE UNICORN 2 -076
eHappyPedia
BY Dr. BAK NGUYEN & Dr. JEAN DE SERRES

BRANDING -044
BALANCING STRATEGY AND EMOTIONS
BY Dr. BAK NGUYEN

INDUSTRIES DISRUPTORS -006
BY Dr. BAK NGUYEN

CHANGING THE WORLD FROM A DENTAL CHAIR -007
BY Dr. BAK NGUYEN

THE POWER BEHIND THE ALPHA -008
BY TRANIE VO & Dr. BAK NGUYEN

SELFMADE -036
GRATITUDE AND HUMILITY
BY Dr. BAK NGUYEN

THE U.A.X STORY -072
THE ULTIMATE AUDIO EXPERIENCE
BY Dr. BAK NGUYEN

CRYPTOCONOMICS 101 -TO COME
MY PERSONAL JOURNEY
FROM 50K TO 1 MILLION
BY Dr. BAK NGUYEN

BUSINESS

SYMPHONY OF SKILLS -001
BY Dr. BAK NGUYEN

LA SYMPHONIE DES SENS -002
ENTREPREUNARIAT
par Dr. BAK NGUYEN

CHILDREN'S BOOK
with William Bak

The Trilogy of Legends

THE LEGEND OF THE CHICKEN HEART -016
LA LÉGENDE DU COEUR DE POULET -017
BY Dr. BAK NGUYEN & WILLIAM BAK

THE LEGEND OF THE **LION HEART** -018
LA LÉGENDE DU **COEUR DE LION** -019
BY Dr. BAK NGUYEN & WILLIAM BAK

THE LEGEND OF THE **DRAGON HEART** -020
LA LÉGENDE DU **COEUR DE DRAGON** -021
BY Dr. BAK NGUYEN & WILLIAM BAK

WE ARE ALL **DRAGONS** -022
NOUS TOUS, **DRAGONS** -023
BY Dr. BAK NGUYEN & WILLIAM BAK

THE 9 SECRETS OF THE **SMART CHICKEN** -025
LES 9 SECRETS DU **POULET INTELLIGENT** -026
BY Dr. BAK NGUYEN & WILLIAM BAK

THE SECRET OF THE **FAST CHICKEN** -027
LE SECRETS DU **POULET RAPIDE** -028
BY Dr. BAK NGUYEN & WILLIAM BAK

THE LEGEND OF THE **SUPER CHICKEN** -029
LA LÉGENDE DU **SUPER POULET** -030
BY Dr. BAK NGUYEN & WILLIAM BAK

THE STORY OF THE **CHICKEN SHIT** -031
L'HISTOIRE DU **CACA DE POULET** -032
BY Dr. BAK NGUYEN & WILLIAM BAK

WHY **CHICKEN** CAN'T DREAM? -033
POURQUOI LES POULETS NE RÊVENT PAS? -034
BY Dr. BAK NGUYEN & WILLIAM BAK

THE STORY OF THE **CHICKEN NUGGET** -057
HISTOIRE DE POULET: LA PÉPITE -083
BY Dr. BAK NGUYEN & WILLIAM BAK

CHICKEN FOREVER -082
POULET POUR TOUJOURS -084
BY Dr. BAK NGUYEN & WILLIAM BAK

THE SPIES AND ALIENS
COLLECTION

THE VACCINE -077
LE VACCIN -079
LA VACUNA -077B
BY Dr. BAK NGUYEN & WILLIAM BAK
TRANSLATION BY BRENDA GARCIA

DENTISTRY

PROFESSION HEALTH - TOME ONE -005
THE UNCONVENTIONAL QUEST OF HAPPINESS
BY Dr. BAK NGUYEN, Dr. MIRJANA SINDOLIC,
Dr. ROBERT DURAND AND COLLABORATORS

HOW TO NOT FAIL AS A DENTIST -047
BY Dr. BAK NGUYEN

SUCCESS IS A CHOICE -060
BLUEPRINTS FOR HEALTH PROFESSIONALS
BY Dr. BAK NGUYEN

RELEVANCY - TOME TWO -064
REINVENTING OURSELVES TO SURVIVE
BY Dr. BAK NGUYEN & Dr. PAUL OUELLETTE AND
COLLABORATORS

MIDAS TOUCH -065
POST-COVID DENTISTRY
BY Dr. BAK NGUYEN, Dr. JULIO REYNAFARJE
AND Dr. PAUL OUELLETTE

THE POWER OF Dr. -066
THE MODERN TITLE OF NOBILITY
BY Dr. BAK NGUYEN, Dr. PAVEL KRASTEV
AND COLLABORATORS

ALPHA DENTISTRY vol. 1 -104
DIGITAL ORTHODONTICS FAQ
BY Dr. BAK NGUYEN

ALPHA DENTISTRY vol. 1 -109
DIGITAL ORTHODONTICS FAQ ASSEMBLED EDITION
USA SPAIN GERMANY INDIA CANADA
BY Dr. BAK NGUYEN, Dr. PAUL OUELLETTE, Dr. PAUL DOMINIQUE, Dr. MARIA KUNSTADTER, Dr. EDWARD J. ZUCKERBERG, Dr. MASHA KHAGHANI, Dr. SUJATA BASAWARAJ, Dr. ALVA AURORA, Dr. JUDITH BÄUMLER, and Dr. ASHISH GUPTA

ALPHA DENTISTRY vol. 1 -113
DIGITAL ORTHODONTICS FAQ INTERNATIONAL EDITION
ENGLISH SPANISH GERMAN HINDI FRENCH
BY Dr. BAK NGUYEN, Dr. PAUL OUELLETTE, Dr. PAUL DOMINIQUE, Dr. MARIA KUNSTADTER, Dr. EDWARD J. ZUCKERBERG, Dr. MASHA KHAGHANI, Dr. SUJATA BASAWARAJ, Dr. ALVA AURORA, Dr. JUDITH BÄUMLER, and Dr. ASHISH GUPTA

KISS ORTHODONTICS -105
BY Dr. BAK NGUYEN, Dr. PAUL OUELLETTE
WITH GUEST AUTHORS Dr. RYAN HUNGATE and Dr. MAHSA KHAGHANI

LEADERSHIP vol. 1 -121
CHANGING THE WORLD FROM A DENTAL CHAIR
CANADA SPAIN USA
BY Dr. BAK NGUYEN, Dr. MASHA KHAGHANI and Dr. PAUL DOMINIQUE

IDENTITY -004
THE ANTHOLOGY OF QUESTS
BY Dr. BAK NGUYEN

HYBRID -011
THE MODERN QUEST OF IDENTITY
BY Dr. BAK NGUYEN

HORIZON, BUILDING UP THE VISION -045
VOLUME ONE
BY Dr. BAK NGUYEN

HORIZON, ON THE FOOTSTEP OF TITANS -048
VOLUME TWO
BY Dr. BAK NGUYEN

HORIZON, Dr.EAMING OF THE FUTURE -068
VOLUME THREE
BY Dr. BAK NGUYEN

MOMENTUM TRANSFER -009
BY Dr. BAK NGUYEN & Coach DINO MASSON

LEVERAGE -014
COMMUNICATION INTO SUCCESS
BY Dr. BAK NGUYEN

HOW TO WRITE A BOOK IN 30 DAYS -042
COMMENT ÉCRIRE UN LIVRE EN 30 JOURS -102
BY Dr. BAK NGUYEN

HOW 2 WRITE 2 BOOKS IN 10 DAYS -114
COMMENT ÉCRIRE 2 LIVRES EN 10 JOURS -115
BY WILLIAM BAK & Dr. BAK NGUYEN

HOW TO WRITE A SUCCESSFUL BUSINESS PLAN -049
BY Dr. BAK NGUYEN & ROUBA SAKR

MINDSET ARMORY -050
BY Dr. BAK NGUYEN

MASTERMIND –052
7 WAYS INTO THE BIG LEAGUE
BY Dr. BAK NGUYEN & JONAS DIOP

PLAYBOOK INTRODUCTION –055
BY Dr. BAK NGUYEN

PLAYBOOK INTRODUCTION 2 –056
BY Dr. BAK NGUYEN

POWER –043
EMOTIONAL INTELLIGENCE
BY Dr. BAK NGUYEN

RISING –062
TO WIN MORE THAN YOU ARE AFRAID TO LOSE
BY Dr. BAK NGUYEN

TORNADO –067
FORCE OF CHANGE
BY Dr. BAK NGUYEN

BOOTCAMP –071
BOOKS TO REWRITE MINDSETS INTO WINNING STATES OF MIND
BY Dr. BAK NGUYEN

TIMING –074
TIME MANAGEMENT ON STEROIDS
BY Dr. BAK NGUYEN

POWERPLAY –078
HOW TO BUILD THE PERFECT TEAM
BY Dr. BAK NGUYEN

HOW TO BOOST YOUR CREATIVITY TO NEW HEIGHTS –088
BY Dr. BAK NGUYEN

PARENTING

THE BOOK OF LEGENDS –024
BY Dr. BAK NGUYEN & WILLIAM BAK

THE BOOK OF LEGENDS 2 –041
BY Dr. BAK NGUYEN & WILLIAM BAK

THE BOOK OF LEGENDS 3 –086
THE END OF THE INNOCENCE AGE
BY Dr. BAK NGUYEN & WILLIAM BAK

THE ORIGIN SERIES

L'ART DE TRANSFORMER DE LA SOUPE EN MAGIE –103
PAR Dr. BAK NGUYEN

AU PAYS DES PAPAS –106
PAR Dr. BAK NGUYEN & WILLIAM BAK

AU PAYS DES PAPAS 2 –108
PAR Dr. BAK NGUYEN & WILLIAM BAK

PERSONAL GROWTH

REBOOT –012
MIDLIFE CRISIS
BY Dr. BAK NGUYEN

HUMILITY FOR SUCCESS –051
BALANCING STRATEGY AND EMOTIONS
BY Dr. BAK NGUYEN

THE ENERGY FORMULA –053
BY Dr. BAK NGUYEN

AMONGST THE ALPHAS -058
BY Dr. BAK NGUYEN, with Dr. MARIA KUNSTADTER,
Dr. PAUL OUELLETTE and Dr. JEREMY KRELL

AMONGST THE ALPHAS vol.2 -059
ON THE OTHER SIDE
BY Dr. BAK NGUYEN with Dr. JULIO REYNAFARJE,
Dr. LINA DUSEVICIUTE and Dr. DUC-MINH LAM-DO

THE 90 DAYS CHALLENGE -061
BY Dr. BAK NGUYEN

EMPOWERMENT -069
BY Dr. BAK NGUYEN

THE MODERN WOMAN -070
TO HAVE IT HAVE WITH NO SACRIFICE
BY Dr. BAK NGUYEN & Dr. EMILY LETRAN

ALPHA LADDERS -075
CAPTAIN OF YOUR DESTINY
BY Dr. BAK NGUYEN & JONAS DIOP

1SELF -080
REINVENT YOURSELF FROM ANY CRISIS
BY Dr. BAK NGUYEN

THE ALPHA MASTERMIND FRANCHISE

THE SUPERHERO'S SYNDROME -116
VOLUME ONE
BY Dr. BAK NGUYEN

SUPER CHARGING MOMENTUM -117
VOLUME TWO
BY Dr. BAK NGUYEN

RIDING DESTINY -118
VOLUME THREE
BY Dr. BAK NGUYEN

THE LAZY FRANCHISE

THE CONFESSION OF A LAZY OVERACHIEVER -089
REINVENT YOURSELF FROM ANY CRISIS
BY Dr. BAK NGUYEN

TO OVERACHIEVE EVERYTHING BEING LAZY -090
CHEAT YOUR WAY TO SUCCESS
BY Dr. BAK NGUYEN

PHILOSOPHY

LEADERSHIP -003
PANDORA'S BOX
BY Dr. BAK NGUYEN

FORCES OF NATURE -015
FORGING THE CHARACTER OF WINNERS
BY Dr. BAK NGUYEN

KRYPTO -040
TO SAVE THE WORLD
BY Dr. BAK NGUYEN & ILYAS BAKOUCH

ALPHA LADDERS 2 -081
SHAPING LEADERS AND ACHIEVERS
BY Dr. BAK NGUYEN & BRENDA GARCIA

MIRROR -085
BY Dr. BAK NGUYEN

SHORTCUT

408 HEALING QUOTES -093
SHORTCUT VOLUME ONE
BY Dr. BAK NGUYEN

408 GROWTH QUOTES -094
SHORTCUT VOLUME TWO
BY Dr. BAK NGUYEN

365 LEADERSHIP QUOTES -095
SHORTCUT VOLUME THREE
BY Dr. BAK NGUYEN

518 CONFIDENCE QUOTES -096
SHORTCUT VOLUME FOUR
BY Dr. BAK NGUYEN

317 SUCCESS QUOTES -097
SHORTCUT VOLUME FIVE
BY Dr. BAK NGUYEN

376 POWER QUOTES -098
SHORTCUT VOLUME SIX
BY Dr. BAK NGUYEN

306 HAPPINESS QUOTES -099
SHORTCUT VOLUME SEVEN
BY Dr. BAK NGUYEN

170 DOCTOR QUOTES -100
SHORTCUT VOLUME EIGHT
BY Dr. BAK NGUYEN

TOUCHSTONE -073
LEVERAGING TODAY'S PSYCHOLOGICAL SMOG
BY Dr. BAK NGUYEN & Dr. KEN SEROTA

COVIDCONOMICS
TAMING INFLATION WITHOUT INCREASING
INTEREST RATES -111
CONTRER L'INFLATION SANS TOUCHER LES
TAUX D'INTÉRÊTS -112
BY Dr. BAK NGUYEN, ANDRÉ CHÂTELAIN, FRANÇCOIS
DUFOUR, TRANIE VO & WILLIAM BAK

TEEN'S FICTION
with William Bak

LEGENDS OF DESTINY

THE PROLOGUES OF DESTINY -101
VOLUME ONE
BY Dr. BAK NGUYEN & WILLIAM BAK

THE BOOK OF ELVES -107
VOLUME TWO
BY Dr. BAK NGUYEN & WILLIAM BAK

SOCIETY

THE POWER OF YES

LE RÊVE CANADIEN -013
D'IMMIGRANT À MILLIONNAIRE
par Dr. BAK NGUYEN

CHOC -054
LE JARDIN D'EDITH
par Dr. BAK NGUYEN

AFTERMATH -063
BUSINESS AFTER THE GREAT PAUSE
BY Dr. BAK NGUYEN & Dr. ERIC LACOSTE

THE POWER OF YES -010
VOLUME ONE: IMPACT
BY Dr. BAK NGUYEN

THE POWER OF YES 2 -037
VOLUME TWO: SHAPELESS
BY Dr. BAK NGUYEN

THE POWER OF YES 3 -046
VOLUME THREE: LIMITLESS
BY Dr. BAK NGUYEN

THE POWER OF YES 4 -087
VOLUME FOUR: PURPOSE
BY Dr. BAK NGUYEN

THE POWER OF YES 5 -091
VOLUME FIVE: ALPHA
BY Dr. BAK NGUYEN

THE POWER OF YES 6 -092
VOLUME SIX: PERSPECTIVE
BY Dr. BAK NGUYEN

TITRES DISPONIBLES AU
www.Dr.BakNguyen.com

AMAZON - APPLE BOOKS - KINDLE - SPOTIFY - APPLE MUSIC-0i909

ACCÈS ILLIMITÉ
À LA BIBLIOTHÈQUE AUDIO DE DR. BAK

Depuis qu'il a marqué le record mondial d'avoir écrit 100 livres en 4 ans, Dr. Bak a décidé d'ouvrir son entière collection de livres audio et d'albums UAX aux membres VIPs pour un montant de

9.99$/mois.

Accédez aux livres audios en parallèle à leur écriture et soyez parmi les premiers à découvrir les prochains livres du Dr. Bak. Abonnez-vous dès aujourd'hui!

http://drbaknguyen.com/members
Bienvenu(e)s aux Alphas.

TITRES DISPONIBLES AU

www.DrBakNguyen.com

www.ingramcontent.com/pod-product-compliance
Lightning Source LLC
Chambersburg PA
CBHW071442150426
43191CB00008B/1206